Niccolò Machiavelli

Der Fürst

Der Text ist gemeinfrei.
Die Ausgabe folgt der Textvorlage von Niccolò Macchiavellis Buch vom Fürsten, erschienen 1879
im Verlag Philipp Reclam jun. Leipzig.
Übersetzt aus dem Italienischen (Originaltitel: Il Principe) von A. W. Rehberg.
Mit Einleitung und Erläuterungen von Dr. Max Oberbreyer.
Neuausgabe: 2020.
Umschlagmotiv und -gestaltung, Satz und Layout: Caroline Stern, Berlin.
ISBN: 978-3-751-90196-3.
Herstellung und Verlag: BoD – Books on Demand, Norderstedt.
www.bod.de
Bibliografische Information der Deutschen Nationalbibliothek: Die Deutsche Nationalbibliothek
verzeichnet diese Publikation in der Deutschen Nationalbibliografie; detaillierte bibliografische Daten
sind im Internet über dnb.dnb.de abrufbar.

Einleitung.

Niemals hat eine politische Schrift so gewaltiges Aufsehen erregt, und so viel gewirkt, als *Macchiavelli's* hochberühmtes *Buch vom Fürsten*. Der Name des Verfassers ist durch die sogar in Staatsschriften als Kunstausdruck übliche Benennung des *Macchiavellismus* auch der großen Menge bekannt geworden, die das Buch selbst nicht gelesen hat. Aber unter den Großen und ihren Ministern haben sich Viele danach gebildet. Hier glaubten sie das, was sie in einzelnen schlimmen Augenblicken gethan, oder noch zu thun Lust hatten, durch zusammenhängende Grundsätze gerechtfertigt zu finden. Die es so benutzten, mögen oft ungehalten darüber geworden sein, daß Alles, was sie sich, aber auch nur sich selbst, und als Ausnahme von der Regel erlauben wollten, in allgemeinen Maximen öffentlich aufgestellt, und dadurch Verdacht gegen ihre Absichten erregt ward. Daher ist es am lautesten von denen angeklagt, die am meisten daraus gelernt hatten. Andere Leser sind durch den Widerspruch, in welchem dieser Inbegriff fürstlicher Weisheit mit der gewöhnlichen Moral steht, zu dem Zweifel veranlaßt worden, ob das Buch wol im Ernste geschrieben sei? Da sie die Bewunderung, welche der durchdringende Beobachtungsgeist und das treffende Urtheil des Verfassers Jedem abnöthigt, der politische Verhältnisse zu beurtheilen vermag, mit ihrem Widerwillen gegen die freche Immoralität, zu welcher seine Grundsätze führen, nicht zu vereinigen wußten, so haben sie geglaubt, Macchiavelli möge wohl das vollständige Gemälde der Tyrannei und der Mittel zu ihr zu gelangen, in der Absicht entworfen haben, um den Tyrannen in der verabscheuungswürdigsten Gestalt darzustellen.

Mehrere italienische Schriftsteller haben diese Auslegung sehr früh gemacht, um dem Geschrei zu begegnen, das sich bald nach der öffentlichen Bekanntmachung des Werkes erhob. Die Vermuthung erhält einigen Anschein durch den Widerspruch, in welchem die Gesinnungen, welche in diesem Buche herrschen, mit andern Schriften des Verfassers zu stehen scheinen, und der um so auffallender ist, da das Buch vom Fürsten und die Betrachtungen über den Livius offenbar nicht in ganz verschiedenen Perioden seines Lebens geschrieben sind. Er bezieht sich in jeder derselben auf die andere, und hat sie also, wenigstens späterhin, zugleich wieder überarbeitet. Aber man kann dieser Erklärung durchaus keinen Beifall geben, sobald man das Buch selbst unbefangen liest. Es ist mit solchem Ernste geschrieben, mit solchem Nachdruck, und was noch mehr ist, es enthält auf jeder Seite so viel Wahrheit, daß man das Ganze unmöglich für Ironie halten kann. So treffende Lehren können nicht aus republikanischem Hasse gegen die Tyrannei gegeben sein, damit der Tyrann ins Verderben renne: diesen Zweck hätten sie sicherlich verfehlt! Wer den Verfasser aus der Geschichte kennen gelernt hat, wird auch nicht durch die Erklärung befriedigt, daß er hier die Naturgeschichte der Tyrannei gezeichnet habe, so wie er die Theorie der Republik in den Discursen über den Livius abhandelt. Macchiavelli war kein gleichgiltiger Zuschauer und bloßer Beobachter der politischen Welt. In allen seinen Schriften herrscht ein praktischer Geist. Seine Discurse beweisen das lebhafteste Interesse an der Erhaltung und der Größe einer Republik. Sie sind ganz im Tone eines Mannes geschrieben, der selbst dazu mitwirken möchte, sie zu errichten oder zu befestigen. Eben so kräftige Rathschläge für den, der sich auf der errungenen Stelle eines Regenten erhalten will, eben so nachdrückliche Empfehlungen der wirksamsten Mittel, eben so lebhafte Verachtung des Zweckwidrigen, findet man in dem Buche vom Fürsten.

Die Auflösung dieses räthselhaften Widerspruchs ist in dem Zustande Italiens und in der Lebensgeschichte des Verfassers zu suchen.[1] Man versteht ja überhaupt keinen ausgezeichneten Schriftsteller vollkommen, wenn man nicht eine lebendige Kenntniß von seiner Nation und seinem Zeitalter, und ein feineres Gefühl für ihre Art zu empfinden, aus den einheimischen Geschichtschreibern erlangt hat, welche selbst die Gesinnungen ihrer Nation theilen, und nicht blos die Handlungen der Menschen, sondern ihre Quelle, die eigenthümliche Gemüthsart, darstellen. Aus solchen erhält man eine ganz andere Einsicht in den Zusammenhang der Begebenheiten, als aus der genauesten und sorgfältigsten Erzählung eines Fremden.

Die italienische Nation zeichnet sich durch eine ungemeine Lebhaftigkeit aller Empfindungen und Leidenschaften aus, die ihren Gegenstand mit dem Feuer unauslöschlicher Begierde ergreift, und nie abläßt. So wie man von den Franzosen nicht ohne Grund sagt, daß sie aus allem Ernste Scherz machen, und dadurch so oft selbst ein Spiel ihrer eignen witzigen Laune werden, so machen die Italiener aus allem Scherze Ernst. In allen Handlungen der Franzosen erscheint ein feines und unaufhörlich reges Ehrgefühl als die herrschende Triebfeder. Dieses zeigt sich in den schlechtesten, wie in den vorzüglichsten Individuen der Nation, auf verschiedene Art, aber immer gleich stark. Alle französischen Raisonnements über sittliche Gegenstände erhalten dadurch eine ganz eigne Farbe, und in der Geschichte des Volks

---

[1] Man vergleiche zu dem Folgenden Macaulay's geistvolle Abhandlung »Macchiavelli« in Möllenhoffs gewandter Uebersetzung (Univ.-Bibl. Nr. 1183).

spielt es die Hauptrolle. Aus der Verbindung dieses äußerst reizbaren Ehrgefühls, und der seinen Beobachtung aller Convenienzen des Augenblicks, worin die Franzosen allen Andern so sehr überlegen sind, mit ihrer launigen Gemüthsstimmung, entspringt eine Versatilität, von der man in der Geschichte der Italiener keine Spur findet. Diesen kommt es immer auf die Sache an, die sie wollen. Die bürgerlichen Unruhen, die ganz Italien so viele Jahrhunderte lang zerrissen haben, wären durch bloße Begebenheiten und Zufälle nicht so lange unterhalten. Ihr Charakter ist wesentlich verschieden von dem Factionsgeiste in der französischen Geschichte. Mit der Tenacität der Italiener ist eine tiefe Verschmitztheit nahe verwandt, die mit der Falschheit eines versatilen Menschen, der sein Vergnügen daran findet, mit andern zu spielen, und schon dadurch befriedigt wird, wenn er sie äfft, durchaus keine Aehnlichkeit hat. Es ist bekannt, daß nichts in der Welt mit der Politik des römischen Hofes verglichen werden kann, und daß die geistliche Intrigue, als ein zusammenhängendes System die Zwecke der Herrschsucht zu erreichen, für das vollkommenste Erzeugniß des menschlichen Geistes in seiner Art angesehen werden muß. Dies Meisterstück eines feinen und dauerhaften Gewebes konnte nur in Italien zu Stande gebracht werden, und hat wieder einen großen Einfluß auf die Denkungsart der italienischen Staatsmänner gehabt, die ihre Aufmerksamkeit unaufhörlich auf den päpstlichen Stuhl richten mußten, welcher durch seine Bemühungen, die christliche Kirche zu beherrschen, zugleich mit in alle weltlichen Händel von Italien verwickelt ward.

In diesem ganzen Lande ist von Alters her ein republikanischer Geist verbreitet gewesen, und hat viele Jahrhunderte lang einen unaufhörlichen Kampf mit der Herrschsucht einzelner Häupter geführt, die in den innern Bewegungen übel geordneter Gemeinden die Mittel fanden, sich zu erheben.

Unter der großen Zahl italienischer Republiken war allein Venedig schon früh zu einer festen Verfassung und innern Ruhe gelangt. In allen übrigen verfolgten und vertrieben einander Parteien: eben so wie vormals in den griechischen Freistaaten einzelne Geschlechter mit ihrem Anhange, und Factionen, von Optimaten, von Bürgern, und von kleinem Volke, Alles unter einander kämpfte, und sich wechselsweise austrieb. Solchem innern Zwiste war ganz vorzüglich das Vaterland des Macchiavelli unterworfen; eine der stürmischsten Republiken, die jemals existirt haben.

Die Geschichte der letzten hundert Jahre, wo Florenz als Freistaat bestand, von 1432 an, da Cosmus der Große von Medici zurückberufen ward und die Leitung aller öffentlichen Angelegenheiten ergriff, bis zu der endlichen Ernennung eines seiner Seitenverwandten, Cosmus des Ersten, zum Herzog, im Jahre 1536, gehört zu den interessantesten Partien der ganzen Weltgeschichte. Vorzüglich ist die letzte Hälfte dieses Zeitraums äußerst lehrreich, wegen der mannichfaltigen Abwechselungen der Verfassung, die beinahe zu allen Lehrsätzen der Politik Beispiele wirklicher Erfahrung bieten.[2]

Florenz war während des fünfzehnten Jahrhunderts durch das überwiegende Ansehen zweier Männer aus dem *Hause Medici* beruhigt, und in die Zeiten des letztern von ihnen fiel Macchiavelli's Jugend. Cosmus der Große und Lorenzo, sein Großsohn, hatten als einfache Bürger die Angelegenheiten ihres Vaterlandes geleitet, und großen Einfluß auf das Schicksal von ganz Italien gehabt. Macchiavelli kannte den ganzen Umfang ihrer Talente und Verdienste: er redet von ihnen mit Wärme und mit dem Wohlgefallen, welches Niemand, ungeachtet aller Verschiedenheit der Grundsätze und Gesinnungen, Demjenigen versagen kann, durch welchen das Vaterland zu Ehre, Macht und Reichthum gelangt ist. Die Größe des letzten von jenen beiden ausgezeichneten Männern hatte Macchiavelli selbst noch gesehen. Er war etwas über zwanzig Jahre alt, als Lorenzo von Medici starb, dessen Tod allgemein als die Epoche angegeben wird, mit welcher die Zeit des Genusses und des Ruhms aufhörte, und eine endlose Reihe von Unglück und Elend begann, das der Ehrgeiz fremder Monarchen, die unverständige und leidenschaftliche Herrschsucht einheimischer Großen, der unbändige Geist kühner Abenteurer und schamloser Empor-

---

[2] Wir besitzen darüber hinreichend befriedigende Quellen. *Macchiavelli's florentinische Geschichte* schließt zwar schon mit 1492, aber seine übrigen Werke enthalten auch einzelne Züge zur Beurtheilung der folgenden Begebenheiten. Neben *Guicciardini's italienischer Geschichte* haben wir eine Menge florentinischer Geschichtsbücher. Außer dem fleißigen Benedetto *Varchi*, der eine vollständige und ausführliche Erzählung aller Begebenheiten, an denen er Anfangs selbst Antheil genommen, aus den besten Quellen, welche ihm von allen Seiten eröffnet wurden, zusammengetragen hat, und der Geschichte des ehrlichen *Nardi*, die vorzüglich wegen der Nachrichten von dem schwärmerischen Demagogen Savonarola merkwürdig ist, sind noch ein paar Werke vorhanden, in deren Verfassern man den Geist wahrer Staatsmänner nicht verkennen kann. Bernardo *Segni*, ein Schwestersohn des Niccolo Capponi, welcher während der Jahre 1527 und 1528, bei dem letzten Versuche, die Republik herzustellen, Haupt des Staats und Anführer derer war, die eine auf Gerechtigkeit und Billigkeit gegründete Verfassung einzuführen wünschten, und Filippo *de Nerli*, ein verständiger Freund republikanischer Freiheit, und genauer Bekannter der Männer welche früher im Jahre 1522 einen vergeblichen Versuch machten, eine Republik herzustellen, und deren vornehmster Rathgeber Macchiavelli war. Nerli schloß sich nachmals im Gedränge des demokratischen Fanatismus an die Medici an, die allein Schutz gegen die Wuth des erhitzten Pöbels geben konnten, und ward zuletzt unter den Herzögen Senator. Sein Werk enthält die besten Anzeigen und treffendsten Beurtheilungen der so oft veränderten Verfassung, Die Erzählung geht bis 1555.

kömmlinge über Italien gebracht hatten, »*Mit dem Tode Lorenzo's von Medici fing der Same des Uebels an aufzugehen, wodurch, da Niemand mehr lebte, der ihn auszurotten verstand, Italien zu Grunde gerichtet ist, und noch immerfort zu Grunde gerichtet wird.*« Mit diesen Worten schließt Macchiavelli seine florentinische Geschichte. Guicciardini beginnt seine Geschichte von Italien mit derselben Bemerkung. Die Schriftsteller aller Parteien stimmen darin überein.

Nach des großen Mannes Tode ward sein unfähiger Sohn Piero mit seinen vornehmsten Anhängern vertrieben. Achtzehn Jahre lang war Florenz ein Spiel republikanischer Unruhen. Die Republik, die unter der Leitung des Lorenzo auf die Verhältnisse der großen Mächte von Europa so großen, oft entscheidenden Einfluß gehabt hatte, ward mit allen übrigen italienischen Staaten in den allgemeinen Strudel hineingezogen, den der Ehrgeiz der französischen Könige erregte. Von den Heereszügen Karl des Achten und Ludwig des Zwölften ward ganz Italien wie von Meereswellen verschlungen. Während dieser Periode war Macchiavelli Staatssecretair der florentinischen Republik, und mehr als zwanzig Mal Gesandter an großen und kleinen Höfen, in den wichtigsten Angelegenheiten. Diese Aufträge führten ihn zu intimen Verhältnissen mit den mächtigsten Männern der Zeit: unter Andern mit dem Pandolfo Petrucci, der sich in Siena vom Führer einer Partei bis zum Oberhaupte des Staats emporgeschwungen hatte, und denselben von 1487 bis an seinen Tod, 1512, ungefähr durch Künste, wie sie Macchiavelli lehrt, fast unumschränkt beherrschte. Dieser Petrucci hatte den Anfang seiner Größe damit gemacht, zwei der wichtigsten Personen der Gegenpartei aus dem Wege zu räumen, und ließ darauf seinen eignen Schwiegervater, den Giovanni Borghese, einen sehr angesehenen und wegen seiner Gelehrsamkeit berühmten Mann, dessen Einfluß er fürchtete, ebenfalls ermorden. Er hielt es seinem Interesse angemessen, sich mit den Florentinern zu verbinden, und überließ ihnen Monte Pulciano, über dessen Besitz sie mit den Sienesern in einen alten Streit verwickelt waren. Bei der politischen Freundschaft zwischen dem Pandolfo und dem damaligen Gonfaloniere Piero Soderini, war Macchiavelli nicht allein der Mittelsmann, sondern er unterhielt auch selbst eine genaue Verbindung und freundlichen Briefwechsel mit dem Tyrannen von Siena, wie der Geschichtschreiber desselben[3] ausdrücklich bemerkt. Die Medici wurden 1512 in Florenz wieder eingeführt. Gleich im ersten Jahre entspann sich eine Verschwörung

---

[3] *Memorie Storico-Critiche della Città di Siena, che servono alla vita civile di Pandolfo Petrucci dal 1480 al 1512. da Gio. Ant. Pecci, Patrizio Sienese. Siena 1755.*

gegen sie, deren Häupter Nicolo Valori und Giovanni Folchi, mit dem Leben büßten. Macchiavelli gerieth als Teilnehmer in Untersuchung, ward gefoltert und verbannt, bald darauf aber von der Familie, welche die Oberhand behalten hatte, wegen seiner großen Talente gesucht. Nicht volle zwei Jahre darauf zog ihn Papst Leo X. durch seinen Freund, den gemeinschaftlichen Landsmann und florentinischen Gesandten zu Rom, Vettori, über die verwickelten Angelegenheiten Italiens, und über die Verhältnisse zu den fremden Mächten, welche er als Staatssecretair der Republik und als Gesandter so genau kennen gelernt hatte, zu Rathe, wie aus den Briefen des Vettori erhellt. Aber noch näher als Alles dieses lag dem Macchiavelli die Frage, wie die Medici das wieder erlangte Uebergewicht in ihrem Vaterlande benutzen würden?

Die Ahnherrn ihres Geschlechts hatten, wie gesagt, als einfache Bürger die öffentlichen Angelegenheiten desselben aus ihrem Cabinet geleitet, ohne die äußere Decoration einer höhern Würde zu verlangen. Aber die Zeiten hatten sich geändert. In Frankreich, in Spanien, in Deutschland hatten sich seit Kurzem kräftige Monarchien erhoben. Italien hingegen ward von innern Zwistigkeiten zerrissen. Insbesondere war Mittelitalien voll kleiner Herren, die sich Alles erlaubten, um zu der höchsten Gewalt in ihrer Vaterstadt, und zu der Herrschaft über kleine Districte umher, zu gelangen. Mehrere Päpste hatten mit einigem Erfolge gesucht, in ihren Familien Herrschaften zu gründen, die dahin führen konnten, die italienischen Freistaaten und Fürsten zu einem Bunde unter Leitung eines angesehenen Oberhauptes zu vereinigen. So hatte sich das Haus della Rovere durch zwei Päpste, Sixtus den Vierten und Julius den Zweiten, aus dem Staube zu der herzoglichen Würde von Urbino emporgeschwungen. Mit größerem Nachdrucke hatte Alexander der Sechste seinen Sohn Cäsar Borgia zu einem gefürchteten Herrn in Romagna gemacht. Leo der Zehnte konnte seinen Verwandten noch mit ganz anderer Kraft unterstützen, als Alexander den seinigen. Denn was der Spanier Borgia blos durch sein päpstliches Ansehn zu Stande bringen mußte, das unternahm Leo mit dem ganzen Gewichte des Hauses Medici, welches im mächtigen und reichen Florenz so tiefe Wurzeln geschlagen hatte. Ein Kind seiner Zeit war er nicht damit zufrieden, seinem Geschlechte die Lage im Vaterlande zu sichern, in der sich seine Vorfahren befunden hatten. Der große Lorenzo war schon von der Lebensart derselben etwas abgewichen: er hatte sich mit einer Prinzessin Orsini vermählt, und seinen Reichthum angewandt, Landgüter zu kaufen, die mehr der Grundlage eines Fürstenthums, als Privatbesitzungen eines Bürgers glichen. Leo X. machte seinen Neffen Lorenzo zum Herzoge von Urbino, und legte es darauf an, diesem und nach ihm immer dem Haupte der Familie einen Antheil an der Regierung von Florenz zuzuwenden, der in seinem Umfange und in der Art der Ausübung einige Aehnlichkeit mit der Herrschaft hatte, die Augustus in Rom nach der Auflösung der Triumvirate führte.

Lorenzo ward Oberhaupt der Kriegsmacht, und führte den Titel: *Il Magnifico* (der Prächtige). In den öffentlichen Angelegenheiten durfte nichts ohne seine Genehmigung geschehen. Dennoch bestanden alle republikanischen Formen, und er überließ die gesammten Stellen in der Verwaltung Bürgern, die jedoch nur unter seinem Einflusse gewählt wurden. Im Wesentlichen war es eben so schon damals zugegangen, als seine großen Vorfahren regierten. Seit undenklichen Zeiten war aus republikanischer Eifersucht die obrigkeitliche Gewalt nur auf wenige Monate verliehen. Jahrhunderte lang bildeten bald acht, bald zehn, bald zwölf Personen, unter dem Titel: »*Priori dell' arti*«, »*Priori della Libertà*«, »*Otto della pratica*«, oder andern Namen, den obersten Rath der Republik, der unter dem Vorsitz des Gonfaloniere meist alle zwei Monate wechselte. Die Personen, welche bestimmt waren, nach und nach einzutreten, wurden von einem Ausschusse von Bürgern auf eine Reihe von Jahren im Voraus gewählt. Diesen Ausschuß aber setzte die mächtigste Partei des Augenblicks, die sich unter dem Namen »*balia*« eine außerordentliche Gewalt anmaßte, willkürlich zusammen. Bei diesem beständigen Wechsel der Staatsbeamten ward eine geheime Direction der öffentlichen Angelegenheiten nothwendig. Diese ging lange von dem Cabinette der Medici aus, und eben in jenen unaufhörlichen äußern Veränderungen, wodurch die Verfassung den Anschein einer Demokratie erhielt, lag ein Mittel, das Ansehn der Familie zu befestigen, welche sich durch ihren Reichthum, ihre Verwandtschaften, den Verstand und die Regierungsweisheit einiger ausgezeichneten Häupter, einen so großen Anhang gemacht hatte. So oft die Medici nach einem kurzen Exil in ihr Vaterland zurückgekehrt waren, hatten sie die republikanischen Formen, die sie für sich selbst so vortheilhaft fanden, beschützt. Es scheint, Leo X. wollte ungefähr auf gleiche Art sein Vaterland beherrschen. Aber der ehrgeizige eitle Neffe, der mehr auf seinen Vater, den Piero, der wegen seines unverständigen Leichtsinns vertrieben war, als auf seinen weisen Großvater Lorenzo artete, verlangte mehr. Macchiavelli, der ihn daran nicht hindern konnte, der weder in Florenz eine Partei hatte, die mächtig genug gewesen wäre, die Republik herzustellen, noch Einfluß genug auf den Papst, um die Angelegenheiten seines Vaterlandes auf diesem Wege zu leiten, wandte sich an den neuen Herzog von Urbino und gab ihm in dem Buche, welches er ausdrücklich für diesen Zweck schrieb, Rathschläge, wie er sich zum Herrn machen und wie er die Herrschaft behaupten könne. Von seiner persönlichen Verbindung mit diesem Fürsten ist übrigens nichts Näheres bekannt. Sein ganzes Leben in dieser Zeit ist beinahe noch völlig im Dunkeln.

Der frühe Tod des Herzogs von Urbino unterbrach 1519 die Pläne, die Macchiavelli auf den unternehmenden Geist desselben gebaut haben mochte; nun benutzte er seine Verbindung mit dem Papst Leo, diesem einen Entwurf vorzulegen, wie Florenz durch eine neue Verfassung beruhigt werden könne, indem die Liebe der Einwohner zur Republik befriedigt, und zugleich dem Papst Leo ein dauernder Einfluß auf dieselbe für die Zeit seines Lebens gesichert würde. Diesen Entwurf wird Jeder, der die Geschichte von Florenz seit dem Tode des großen Lorenzo, die Parteien, die das Gemeinwesen zerrissen, ihre Wünsche und die Bedürfnisse des Staats aus den Quellen kennen gelernt hat, für ein Meisterstück erkennen. Der Verfasser desselben hatte nicht die Befriedigung, seine Ideen ausgeführt zu sehen, die vermuthlich dem Ehrgeize der Medici noch nicht genug einräumten.

Lorenzo war so jung gestorben! Papst Leo folgte ihm bald darauf in seinen besten Jahren. Dennoch entstand keine Veränderung in der Lage des florentinischen Staates. Das Schicksal rief viele Generationen hindurch die einzelnen Häupter der Medici frühzeitig ab: der Familie hatte es die Herrschaft von Florenz bestimmt. Seit dem großen Cosmus war kein bedeutender Medici fünfzig Jahre alt geworden; aber so oft einer aus diesem Hause den Schauplatz verließ, trat allemal ein anderer wieder auf, freilich mit sehr verschiedenem Maße von Talenten ausgerüstet, und mit abwechselndem Glücke. Jetzt traf die Reihe den Julius, der zuerst als Cardinal und bald darauf als Papst Clemens der Siebente Haupt der Familie ward. Von ihm hing nunmehr das Schicksal der Republik ab. Eine Partei, die aus den vorzüglichsten jungen Männern von Florenz bestand, mit denen Macchiavelli in der intimsten Verbindung lebte, und zu deren Belehrung er seine Betrachtungen über den Livius geschrieben, die zweien derselben, dem Zanobi Buondelmonti und Cosimo Ruccellai, zugeeignet sind, – dieser Club, der von den Gärten Ruccellai, wo er sich versammelte, benannt ward, machte Pläne zu einer Herstellung der Republik, die dem Cardinale Giulio vorgelegt wurden. Die Hoffnung, die man auf seine anscheinende Mäßigung gebaut hatte, ward vereitelt. Er bewies auch hier die furchtsame verschlossene Falschheit, die sein ganzes Leben charakterisirt. Er hatte nie die Absicht gehegt, zu willfahren, oder er änderte seine Entschließung, als er sah, wohin die Pläne, die man ihm angab, führen würden. Aber der Patriotismus jener Freunde der Freiheit war ernstlich gemeint. Sie machten (1523) Anstalt, ihren Entwurf mit Gewalt auszuführen, und den Cardinal, der im Wege stand, wegzuräumen. Die Verschwörung ward entdeckt. Luigi Alamanni und Jacopo da Diaceto verloren das Leben auf dem Blutgerüste. Zanobi Buondelmonti, ein andrer Ludovico Alamanni, (dem Macchiavelli sein Leben des Castruccio Castracani zugeeignet hat), Batista della Palla, Anton Bruccioli und einige ihrer Anhänger geringeren Standes wurden verbannt. Macchiavelli war ebenfalls in diese Unternehmung verwickelt: er entfloh.[4] Die Medici fühlten sich noch nicht stark genug, den republikanischen Geist der Florentiner zu unterdrücken: sie versuchten es, ihn einzuschläfern, indem sie die letzten Vorfälle möglichst geschwind vergessen ließen. Der Cardinal fürchtete Erbitterung zu erregen, die seinen Absichten auf den päpstlichen Stuhl hinderlich gewesen wäre. Als er diesen ein Jahr darauf wirklich bestieg, suchte Macchiavelli sich wieder an ihn anzuschließen, und erhielt Aufträge von Wichtigkeit, von ihm und von der florentinischen Regierung. Wenige Jahre darauf erlaubten die Umstände noch einen Versuch zur Wiederherstellung der Republik zu machen. 1527 wurden die Medici aufs Neue vertrieben und die Freiheit proclamirt. Macchiavelli erschien sogleich in seiner Vaterstadt. Allein die Bemühungen seiner Freunde Zanobi Buondelmonti und Luigi Alamanni, ihn in den Rath von zehn Männern wählen zu lassen, dem die Leitung der öffentlichen Angelegenheiten übergeben werden sollte, wurden durch die allgemeine Abneigung vereitelt, die das Volk gegen den Rathgeber der Medici und den Verfasser des Buchs vom Fürsten gefaßt hatte. Vergeblich suchte er die Schrift zu unterdrücken, welche seine Gesinnungen so verdächtig machte.[5] Der

---

[4] Diese wenigen Nachrichten finden sich in der Geschichte Filippo de' Nerli's, welcher alle genannten Personen und besonders den Macchiavelli genau gekannt hatte, und der Partei selbst wohlwollte.

[5] Varchi, Geschichte von Florenz. Sie war also bekannt. Schon dieser Umstand spricht gegen die Vermuthung, daß das Buch nur ein geheimer Rathgeber des Fürsten habe sein sollen, dem es zugeeignet ist. Außerdem aber ist der Ton des Buchs vom Fürsten mit dieser Ansicht nicht zu vereinigen. Zu einem solchen Zwecke hätte der Verfasser doch bestimmte Anwendungen auf die Verhältnisse des Augenblicks machen, und Maßregeln gegen die Mitwerber um die Herrschaft von Italien und gegen einzelne Stallten angeben müssen: und dazu wäre Macchiavelli sehr geschickt gewesen, wie seine Berichte an die florentinische Regierung während seiner häufigen Gesandtschaften beweisen. Aber das Buch vom Fürsten hat ganz den Charakter eines literarischen Kunstwerks. Als ein solches übertrifft es nicht allein Alles, was damit verglichen werden könnte, sondern auch die übrigen Schriften des Verfassers selbst. Und ein solches Meisterstück sollte er nicht für die Welt bestimmt haben?! - - - -

Verdruß über die fehlgeschlagenen Versuche, sich wieder zu heben, hatte vermuthlich Antheil an seinem Tode, der bald darauf erfolgte.

Die Republik, die der Enthusiasmus des Volks unter günstigen Umständen errichtet hatte, unterlag nach zwei Jahren der vereinten Macht des Papstes und des Kaisers. Nachdem Clemens der Siebente sie durch Unterstützung Karl des Fünften bezwungen hatte und mit ihr nach Gefallen walten konnte, erneuerten die Freunde des Macchiavelli zum letzten Male ihre Bemühungen. Sie baten den Papst, neben der ersten Stelle in der Republik, die er seinem angeblichen Neffen Alessandro zuwenden wollte, die Hauptzüge einer republikanischen Verfassung bestehen zu lassen, welche schon Macchiavelli dem Papste Leo X. empfohlen hatte. Das Wesentliche dieses Entwurfs, wodurch die Bürger einen wirklichen Antheil an der Verwaltung des Staats erhalten hätten, verwarf Clemens: den Anschein behielt er anfangs bei, nahm bald aber auch dieses Schattenbild eines Gemeinwesens weg. Alessandro ward 1531 unumschränkter Herr, und genoß seine Größe als ein ächtes Kind des Glücks, das weder durch Talente, noch durch eigne, seien es rühmliche, seien es ruchlose Unternehmungen, sondern blos durch die Macht eines Andern erhoben war. Mit Dirnen und Buhlknaben, wie Tacitus vom Domitian sagt, spielte er den Fürsten, zog Schmausereien und Maskenbälle fürstlichen Beschäftigungen vor, zu denen es ihm mehr an Lust als an Geschicklichkeit fehlte, und erhielt nach fünf Jahren von einem Vetter Lorenzino von Medici den Lohn seiner Nichtswürdigkeit, ohne daß dieser Mord den florentinischen Republikanern zu Gute gekommen wäre. Ein andrer Medici, Cosmus, ward 1536 zum Herzoge ausgerufen, und nach einem Siege über die republikanische Partei, die sich zum letzten Male unter Anführung des Filippo Strozzi erhob, wirklicher Beherrscher von Florenz. Dieser beruhigte endlich das Volk: er bezähmte die Widerspenstigen, besänftigte die Gemüther, lähmte jede gefährliche Kraft, schmeichelte dem Talente, beschenkte, versorgte, ehrte Alle, die berechtigte oder unberechtigte Ansprüche machten;[6] und erstickte damit das ganze Geschlecht vorzüglicher Männer aller Art, wodurch Florenz bis auf seine Zeiten als der hellste Stern in der neuern Geschichte der Cultur des menschlichen Geistes geglänzt hatte.

---

[6] Fünfzig solcher Männer machte er zu Staatsräthen mit hohem Range und hoher Besoldung, wofür sie sich um Nichts bekümmern durften – angenehme Sinecuren, wie sie ähnlich noch heute im gelobten Preußen einige evangelische Domherren haben, die für einen Jahresgehalt von ca. 36,000 Mark einmal jährlich eine Quittung unterschreiben und ein opulentes Frühstück verzehren müssen! –

In die Mitte dieser Periode fällt das Leben des *Macchiavelli* (von 1469 bis 1527). In der an Talenten, Künsten und Wissenschaften aller Art reichen Stadt, in einem Volke, das sich durch den lebhaftesten Verstand und die heftigsten Leidenschaften auszeichnete, unter den Stürmen einer unsichern Verfassung und den häufigen Katastrophen derselben war er selbst unaufhörlich thätig. Die Geschäftswelt hatte ihn gebildet. Der eignen Erfahrung verdankte er es, daß er aus den großen Schriftstellern des Alterthums mehr lernte, als Andere darin finden. Sie gab seinem Urtheile über die frühere Geschichte und über die Ereignisse seiner Zeit die treffende Schärfe, die man immer mehr bewundert, je mehr man seine Bemerkungen mit dem vergleicht, was seinem Vaterlande nach seinem Tode widerfuhr. Die Verhältnisse, in die er verwickelt war, hatten ihm das Innere der Republiken und die Geheimnisse der Fürsten aufgedeckt. Er verstand sich auf die Politik jeder Partei. Man findet ihn aber auch in den entgegengesetztesten Factionen.

Er liebte die Verfassung, in der er geboren und so lange Zeit auf die glänzendste Art thätig gewesen war. Aber er mochte wol in gewissen Augenblicken daran verzweifeln, eine dauernde Republik in Florenz hergestellt zu sehen. Er zeigt selbst im siebzehnten Kapitel des dritten Buchs seiner *»Discorsi«,* daß ein verdorbenes Volk sich schwerlich bei der Freiheit erhalten könne; und im folgenden Kapitel, daß es eben so schwer sei, die verlorne Freiheit wieder herzustellen. Er sagt es gerade heraus, einem solchen Volke sei es besser, daß sich seine Staatsverfassung der Alleinherrschaft eines Einzigen nähere: und die Anwendung auf sein Vaterland liegt nahe genug!

Im Anfange des siebenten Buchs seiner Geschichte bemerkt er, daß die innern Uneinigkeiten das Leben der Republiken ausmachen, und ihre Stärke vermehren, so lange sie nicht in Anhang einzelner Häupter oder Familien ausarten; sobald aber dieses eintritt, den Staat schwächen und das Wesen der Republik vernichten. In Florenz, sagt er selbst, waren alle innern Zwistigkeiten von dieser verderblichen Art. *»Daher wissen die Florentiner die Freiheit nicht zu behaupten, und können die Knechtschaft nicht ertragen.«*

In der That, wenn man die innere Geschichte von Florenz überdenkt, deren letzte Katastrophen oben angegeben sind, so findet man, daß die Republik in den schlechten Zeiten nur elende Anarchie, in den besseren maskirte Monarchie gewesen war.

Von der frühern Zeit sagt Macchiavelli im Anfange des dritten Buchs seiner Geschichte: »Die innern Uneinigkeiten, welche in Rom Wetteifer und Streit erregten, sind in Florenz sehr frühe in Factionen und innern Krieg ausgeartet. In Rom veranlaßten sie neue Gesetze, um abzuhelfen: in Florenz endigten sie stets mit Mord und Verbannung angesehener Bürger. In Rom dienten sie dazu, daß einzelne große Häupter sich erhoben. In Florenz haben sie Alles gleich gemacht. In Rom wollte das Volk der größten Ehren gleich dem Adel theilhaft werden. In Florenz wollte es ausschließlich herrschen. Die neuen erzwungenen Gesetze waren daher ungerecht gegen den Adel. In Rom wurden die Niedriggebornen immer edler und fähiger, die Stellen zu bekleiden, nach denen sie strebten. Durch ihre zunehmende Kraft und Talente ward der Staat groß. In Florenz wurden die Edlen aus den öffentlichen Aemtern vertrieben, und mußten dem niedrigen Volke gleich werden, um zu jenen zu gelangen. Die edeln Eigenschaften, wodurch die Männer aus dem Volke in Rom den Edelgebornen gleich zu werden trachteten, wurden in Florenz auch im Adel ausgelöscht. So ward der Staat immer niedriger und verächtlicher. So wie Rom durch den Uebermuth der Bürger dahin gerieth, daß es nicht mehr ohne einen Herrn bestehen konnte, so kam es mit Florenz dahin, daß jede Verfassung durch eine geschickte Hand aufgedrungen werden konnte.«

Die alten Zwistigkeiten des Adels mit dem Volke, von denen Macchiavelli hier redet, endigten um die Mitte des vierzehnten Jahrhunderts mit der Tyrannei des Herzogs von Athen[7], der den Florentinern durch neapolitanische Waffen aufgedrungen ward. Aber nach der Vertreibung desselben theilte sich das Volk aufs Neue in Factionen der Bürger und des gemeinen Pöbels, welche abermals den Staat zerrissen, bis die Familie Medici im fünfzehnten Jahrhunderte mächtig genug ward, ihm Festigkeit und innere Ruhe zu geben, die jedoch von Zeit zu Zeit durch gewaltsame Katastrophen unterbrochen ward. Als dieser Zustand 1492 mit dem Tode des Lorenzo von Medici endigte, und das ganze Geschlecht desselben vertrieben ward, lebte der demokratische Geist wieder auf. Aber in einem Staate, in dem man so wenig Bürgergeist, dafür desto mehr Parteiwuth kannte, war es nicht möglich, einen dauerhaften Zustand zu begründen. Die Familie der Medici, welche sechzig Jahre lang (von 1432 bis 1492) mit so großem eignen Ruhme ihr Vaterland zu Größe, Ehre und Ruhm geführt, und innerlich einigermaßen ruhig gehalten hatte, konnte dies nur dadurch bewirken, daß sie den Staat durch eine Partei regierte, die sich hinter republikanische Formen versteckte, ohne dem Volke wahren Antheil an der Verwaltung zu verstatten. Sie hatte beständig, wie man sich in unsern Tagen ausdrücken würde, eine Art von revolutionärer Regierung geführt. Sie behaupteten nämlich, wie Macchiavelli ihnen vorwirft, daß Florenz nicht anders regiert werden könne, als durch eine von fünf zu fünf Jahren zu wiederholende außerordentliche Maßregel, (» *Ripigliar lo Stato*« genannt), wodurch die gefährlichen Bürger willkürlich aus der Stadt oder von öffentlichen Aemtern entfernt, diese aber eben so willkürlich mit Hintansetzung aller vorgeschriebenen Formen besetzt wurden: das heißt, sagt Macchiavelli, alle fünf Jahre den Schrecken und die Furcht erneuern, wodurch das erste Mal diejenigen Menschen in die Flucht geschlagen waren, welche, mit den Medici zu reden, schlecht gehandelt hatten.

Wahrlich, eine schöne Republik, in welcher die Formen, Gleichheit und Theilnehmung so vieler Bürger an den öffentlichen Angelegenheiten vorspiegeln, in der That aber Eine Familie unumschränkter herrscht, als ein Fürst nur immer könnte; wo diese Familie um desto eifersüchtiger Alle entfernt, deren Ansprüche sie fürchtet, weil sie das öffentlich anerkannte Recht allezeit gegen sich hat! Cosmus ist ein großer Mann, Lorenzo ein noch größerer Mann gewesen. Aber ist der Staat frei zu nennen, wo solche Männer ausschließlich regieren, und die andern alten Geschlechter angesehener reicher Bürger, in der Verzweiflung ihr Recht nicht durchsetzen zu können, zu verrätherischen Anschlägen ihre Zuflucht nehmen?[8] Wo die Soderini sich herablassen müssen, Clienten zu werden, und den Pazzi, unterdrückten Nebenbuhlern, nur Meuchelmord übrig bleibt, um sich Luft zu machen: wo daher selbst ein Mann wie Lorenzo von Medici seines Lebens nicht sicher ist!

So dachte Macchiavelli über die Verfassung seines Vaterlandes vor dem Exile der Medici: das beweist der ganze Ton aller seiner Schriften, in denen er von den großen Männern aus jenem Hause stets mit Lobe redet, ihre Nebenbuhler und die Verschwörungen gegen sie nie tadelt.

Nach der Vertreibung dieser herrschenden Partei, 1494, war zwar eine republikanische Verfassung hergestellt, allein es hatte weder der demokratische Fanatiker Savonarola, den das Volk eine Zeit lang als einen Propheten verehrte, und als er einige Prophezeiungen vorbrachte, die nicht gefielen, mit Jubel verbrennen sah;

---

[7] *Gaultier de Brienne*, der als Erbe eines Kreuzfahrers den Titel Herzog von Athen führte.

[8] Die erste Veranlassung zu der berühmten Verschwörung der Pazzi gegen die Medici lag in der Heirath eines Pazzi mit einer reichen Erbin, welcher man ihr Erbrecht unter dem Vorwande zweifel-

noch der redliche Freund republikanischer Gleichheit und allgemeiner Gerechtigkeit, Piero Soderini, der einige Jahre als Gonfaloniere vergebliche Bemühungen anwandte, die Verfassung zu befestigen, etwas Dauerndes zu Stande bringen können. Dem Letzten wirft Macchiavelli vor, daß er sich die eitle Hoffnung gemacht, allen gährenden Stoff im Staate durch Geduld und Güte zu beruhigen, die Feindschaften mit Wohlthaten auszulöschen, und die Republik dadurch zu befestigen, daß er selbst das Beispiel gab, die Gesetze nie zu übertreten. Ein solcher Charakter kann nicht verfehlen, die allgemeinste Hochachtung zu erregen: er wird sogar von den Feinden der öffentlichen Ruhe gepriesen, — von diesen aber eigentlich, weil seine Tugenden ihnen selbst ihr Spiel erleichtern. Etwas kräftiger noch drückte Macchiavelli sein Urtheil in einem Sinngedichte aus, das er in einer launigen Stunde auf seinen demokratischen Freund und Gönner machte.

»In der Nacht, da Piero Soderini starb, fuhr die arme Seele zur Hölle hinab. Thörichter Geist, rief Pluto ihr entgegen, was willst du in der Hölle? Geh du zum unschuldigen Kinderteich!«

Macchiavelli behauptet, und das wol nicht mit Unrecht, daß Soderini eine außerordentliche Gewalt hätte anwenden müssen, um sich in den Stand zu setzen, für die Zukunft eine Herrschaft der Gesetze zu gründen. »Wenn in einem verdorbenen Zustande der Dinge noch etwas zu hoffen ist,« sagt er, »so ist es von einem mächtigen Manne, der sich vorläufig zum Herrn auswirft, um eine freie Verfassung vorzuschreiben. Auf andere Art ist es unmöglich.«

Wer die Eigenschaften besitzt, wodurch man sich zur Herrschaft emporschwingt, der wird sich freilich nicht dazu verstehen, einen solchen Gebrauch von ihr zu machen: und das wußte Macchiavelli selbst sehr gut. Indessen könnte er dennoch wol einen Plan entworfen haben, durch einen Andern und auf andere Art auszuführen, was damals fehlgeschlagen war. Den, der geboren ist zu handeln, kann sein eignes treffendes Urtheil, die vollkommenste Kenntniß der Welt, die lebendigste Ueberzeugung, daß nichts mehr auszurichten stehe, nicht abhalten, Versuche zu machen, die ihm selbst vergeblich scheinen. Er sieht ein, daß es besser wäre, alle Pläne aufzugeben, wenn die Werkzeuge zu ihrer Ausführung nichts taugen. Er verspottet vielleicht die eitle Hoffnung derer, die es unternehmen, mit schwachen thörichten Menschen Dinge auszurichten, wozu Kraft, Verstand, Beharrlichkeit nöthig sind. Und in

---

hafter Gesetze, in der That aber dem Lorenzo von Medici zu Gefallen entzog, um die Familie seines Gegners zu entkräften.

demselben Augenblicke entwirft er selbst wieder Pläne, die Verstand, Muth, Beharrlichkeit erfordern: weil der Mann von kräftigem Verstande immerfort unwillkürlich solche Entwürfe gebiert, wie ein tüchtiger Baum gute Früchte trägt.

Das ist nicht poetische Schwärmerei. Es gibt solche Menschen, und die größten Dinge geschehen durch solche, die sich nicht lange besinnen, ob ein edler Entwurf ausführbar sei; die nicht warten zu beginnen, bis der Zufall und andre Menschen das Beste gethan haben; sondern die im Vertrauen auf die gute Sache wagen, und hoffen, die Umstände werden ihnen zu Hilfe kommen. Diese finden denn auch oft unerwartete Unterstützung: denn sie selbst beleben Andere, und wecken Kräfte, deren Dasein man nicht ahnte, weil sie ohne solchen Antrieb nie erwacht wären.

Auf Macchiavelli möchte dies Alles freilich nicht recht anwendbar sein. Der dachte immer zunächst daran, was ausgeführt werden konnte.

Wenn es nun aber durchaus unmöglich war, die Verfassung aufrecht zu halten, auf die sich alle Entwürfe in glücklichen Zeiten bezogen, und die Nothwendigkeit einleuchtete, sich neuen Verhältnissen zu unterwerfen, so konnte auch wol ein redlicher Freund der bürgerlichen Gleichheit dahin gebracht werden, ihr nicht blos zu entsagen, sondern selbst Hand anzulegen, etwas Erträgliches zu schaffen, um nicht das Unerträgliche unthätig zu leiden. So haben auch in Florenz späterhin, als das Schicksal durch den Untergang des Filippo Strozzi die letzten Auswege zur Herstellung der Republik versperrt hatte; als Alles, was sich auf das Alte bezog, Entwürfe des Staatsmannes und Verpflichtungen des Bürgers, gleich Träumen verschwanden; als nichts mehr existirte, worauf eine Hoffnung gegründet werden konnte, und die neuen Verhältnisse unter der schnell entwickelten Uebermacht Karls des Fünften es durchaus erforderten, daß Florenz einen Herrn erhalte, der sich des mächtigen kaiserlichen Schutzes sicher halten konnte, die geistvollsten und angesehensten Männer der Republik den Herzögen gehuldigt.

Unter allen diesen Umständen, aber auch nur unter solchen, konnten Männer von Ehre zu der neuen herrschenden Partei übertreten. Macchiavelli that diesen Schritt sehr früh, und wie es sich bald zeigte, voreilig.

Es war zwar schon zu seiner Zeit Manches geschehen, das eine innere große Veränderung in Italien nothwendig nach sich ziehen mußte. Franzosen, Spanier, Deutsche kämpften um den Besitz dieses schönen Landes. Durch innere Uneinigkeit war es dahin gekommen, daß es schien, die Frage könne nur sein, welche auswärtige Macht Herr werden solle. Das Volk haßte alle diese Fremden in dem Grade, wie die südlichen Völker hassen, und wie der Unwille unterdrückter und mißhandelter Völker haßt. Aber wie konnten die Italiener die Unabhängigkeit wieder erlangen, die für jedes Volk, das eigentümliche Denkart, Sitten, Sprache, Gesetze und Verfassung hat, das höchste Gut, und die Bedingung aller Glückseligkeit ausmacht? Dazu mußten die gesammten Kräfte der Nation in Verbindung gebracht werden, und eine einzige Richtung erhalten. Dies konnte im damaligen Augenblicke schwerlich durch einen Andern geschehen, als durch einen Medici. Wenn denn Italien der Herrschaft der Barbaren auf keine andere Art entrissen werden kann, und er das Vaterland nicht anders erlösen will, als wenn Florenz sich unterwirft, – nun so herrsche Lorenzo über Florenz und über Italien. Wenn er das Land befreit haben wird, so mögen sich die Florentiner selbst wieder von ihren Tyrannen befreien und die Republik herstellen, – wenn sie können. So mag Macchiavelli gedacht haben, als er dem Lorenzo den Weg zeigte, zur Herrschaft zu gelangen: damit mag mancher Italiener einverstanden gewesen sein.

Eine solche Entsagung konnte ihm lange nicht so viel kosten, als andern Anhängern der Republik. Seine Liebe zu ihr war ernstlich: aber sie beruhte nicht auf dem tiefen Gefühle des Bürgers, dem Gleichheit das erste Gut ist, und der Alles lieber duldet, als Jemanden über sich zu sehen. Sie entsprang nicht aus unerschütterlicher Anhänglichkeit an väterliche Sitte und ererbte Verhältnisse, Das Nachdenken über vergangene Zeiten und Beobachtung der neuen hatte ihn gelehrt, daß in republikanischen Staaten die Leidenschaften geistvoller Männer den größten Spielraum erhalten. Aus diesem Gesichtspunkte beurtheilt er in seinen »Discursen über den Livius« die römische Republik. An der Erhaltung des Bestehenden lag ihm wenig. Ihm kam es nur darauf an, seinen Trieb zu unruhiger Thätigkeit zu befriedigen. Fand in seinem Vaterlande die Verfassung nicht mehr statt, die er selbst vorgezogen hätte, so ergriff der von Catonischem Eigensinne weit entfernte praktische Geist, dem auf ächt Italienisch *»virtù«* nur Thatkraft und Verstand sie zu leiten bedeutete, mit eben der Lebhaftigkeit die Idee, die den neuen Umständen und den Gesinnungen der Mächtigen angemessen war, und ließ sie eben so geschwind wieder fahren. Machiavelli hat nicht etwa in einer großen Katastrophe seine Grundsätze verändert und ist zu einer Gegenpartei *einmal* übergetreten: sondern er hat sich bald der einen, bald der andern ergeben, und nur darauf gedacht, für den Augenblick den Entschluß zu fassen, der ihm der klügste dünkte, weil er in den Verhältnissen des Tages der ausführbarste schien. Er hielt es damals für unvermeidlich, daß Florenz sich unterwerfe:

so gab er dem Lorenzo Rathschläge, um ihm die Herrschaft zuzuwenden, damit Er es sei, dem der neue Fürst sie, wenigstens zum Theil, verdanke.

Wer das wollte, durfte nicht vielen Bedenklichkeiten über die Wahl der Mittel Gehör geben: und Alles, was in der Zeit vorging, hätte auch wol einen Mann von strengerer Sittlichkeit, als Macchiavelli, verleiten können, sich über das Gefühl der Menschlichkeit, die gewissenhafte Redlichkeit und die Scheu vor moralischen Geboten wegzusetzen, um einen großen Plan zum Besten des Volks auszuführen. Auch ein solcher hätte wol sagen können: es muß einmal regiert werden, damit das Volk der Erfüllung seiner eignen Wünsche theilhaft und glücklich werden könne; welches Letztere wieder in Macchiavelli's und seiner Zeitgenossen Sinne nichts Anderes heißt, als politische Leidenschaften befriedigen. Da sich aber die Völker nicht demjenigen unterwerfen, der durch sittliche Vorzüge über sie hervorragt, und durch diese verdiente zu regieren, so möge denn derjenige, der zu herrschen versteht und die Herrschaft zu ergreifen vermag, sich derselben auf jedem Wege bemächtigen, auf dem man zu ihr gelangt.

Die Geschichte der Zeit enthält nichts als Mord, Treulosigkeit, Verrätherei, Gewaltthätigkeit durch gedungene Streiter. Was zur Herrschaft führt, ist gut: so der allgemeine Wahlspruch. Jeder erlaubte sich Alles, was den Weg dazu bahnen konnte: Alle aber verfehlten ihren Zweck, weil sie nicht Einsicht genug hatten, die rechten Mittel zu wählen, und weil es ihnen in der gefährlichen Unternehmung an der Selbstbeherrschung fehlte, die dem Mächtigen so schwer wird, und doch so nöthig ist, zu verfolgen. So ging jeder Gewalthaber zu Grunde, die ganze Nation ward eine Beute fremder Eroberer. Macchiavelli sah, daß der neue Herzog von Urbino denselben Weg betreten würde, auf dem so Viele vor ihm verunglückt waren. Wenn denn Niemand Anstand nimmt, Verbrechen zu begehen, wodurch er zur Herrschaft zu gelangen hofft, so begeht, ruft Macchiavelli dem zu, der danach strebt, so begeht Eure Unthaten doch nur so, daß sie auch wirklich zum Zwecke führen.

Die Lehren, welche Macchiavelli hierzu ertheilt, haben den eigenthümlichen Charakter, der Alles auszeichnet, was aus dem wirklichen Leben geschöpft ist. Sie sind nicht bloße Erzeugnisse des Nachdenkens, Resultate allgemeiner Beobachtungen. Sie haben die ergreifende Wahrheit der Gemälde, dergleichen das überlegenste Talent nicht hervorbringt, ohne durch wirkliche Anschauung belebt zu sein. Man hatte in Italien oft genug gewaltige Menschen auftreten sehen, die sich in dem leidenschaftlichen Streben nach der Herrschaft über jede Beschränkung durch Gesetz, sittliches

Gefühl und menschliche Empfindung gänzlich wegsetzten. Aber keiner von ihnen hatte das Maß des Verstandes besessen, ohne den die Immoralität sich selbst zu Grunde richtet. In Cäsar Borgia, mit dem Macchiavelli durch Verhandlungen über die Angelegenheiten seines Vaterlandes in genaue Verbindung gerathen war, glaubte er das vollendete Ideal eines Mannes zu erkennen, der das wirklich leisten könnte, wonach so Viele vergeblich gestrebt hatten. Von dieser Vorstellung war er ergriffen. Alles, was er über die Gesinnungen und Talente geschrieben hat, die zur Befriedigung der Herrschsucht führen können, ist durch das Bild von jenem Unholde, der durch die Schärfe des Verstandes und Entschlossenheit des Geistes andern eben so schlechten Menschen so sehr überlegen war, beseelt.

Lorenzo von Medici war nicht der Mann, etwas Aehnliches zu leisten. Er konnte wol durch den Einfluß seines Oheims, des Papstes Leo, Herzog von Urbino werden, aber nicht Herr von Florenz, noch weniger Haupt eines italienischen Bundes. Hat Macchiavelli ihn nicht genug gekannt? Oder hat er ihm den Rath, sich zur Herrschaft emporzuschwingen, vielleicht so gegeben, wie er selbst im dritten Buche seiner Discurse im fünfunddreißigsten Kapitel sagt, daß man den Großen rathen müsse? »Diejenigen,« heißt es hier, »welche einer Republik oder auch einem Fürsten rathen, kommen in ein Gedränge, indem sie ihre Pflicht verletzen, wenn sie nicht ohne alle andere Rücksicht den Rath ertheilen, der ihnen für den Staat oder den Fürsten der nützlichste scheint; so oft sie aber wirklich solche Rathschläge angeben, Gefahr laufen, das Leben oder doch ihre Stelle zu verlieren: weil alle Menschen doch darin blind sind, daß sie jeden guten oder schlechten Anschlag nur nach dem Ausgange beurtheilen. Ich sehe keinen andern Ausweg, als seine Meinung ohne Leidenschaft und mit Mäßigung vorzutragen, so daß der Fürst, wenn er sie befolgt, seinen eignen Willen zu thun glaube, und daß er nicht vom Rathgeber mit Ungestüm verleitet zu werden scheine. Wenn du auf diese Art deinen Rath ertheilt hast, so ist es nicht wahrscheinlich, daß Volk oder Fürst dir übel wollen werden, da dein Rath nicht gegen den Willen Andrer durchgesetzt worden. Die Gefahr entsteht, wenn Viele widersprechen, die, wenn die Sache übel ausfällt, sich vereinigen, den Rathgeber zu stürzen. Bei jenem Verfahren geht freilich der Ruhm verloren, der einzuernten ist, wenn man Rathschläge gegen den Willen Vieler durchsetzt, und die Sache gut ausfällt: aber dagegen entstehen zwei Vortheile. Erstens wird die Gefahr vermieden, und zweitens kannst du große Ehre einlegen, wenn du einen Rath mit Mäßigung ertheilst, derselbe nicht befolgt wird wegen des erhobenen Widerspruchs und der Rathschläge Andrer, und alsdann großes Ungemach entsteht.«

Hat Macchiavelli vielleicht seine Anschläge, zur Herrschaft zu gelangen, dem Lorenzo von Medici in diesem Sinne gegeben? Hatte derselbe Verstand genug, sie ganz zu fassen, Urtheil genug, sie richtig anzuwenden, Dreistigkeit und Beharrlichkeit, sie auszuüben – gelang Alles: gut, so verdankte er seine Größe dem Unterrichte, und der Rathgeber konnte auf alle Belohnungen Anspruch machen, die einen solchen Dienst bekrönen. Fehlte es in irgend einem Stücke, so siel Lorenzo durch seine eigne Schuld. Er hatte nicht recht begriffen, nicht recht angewandt, oder die Ausführung war unvollkommen gewesen. Warum unternahm er ein so schweres Werk, dem er nicht gewachsen war, und dessen ganze Schwierigkeit Macchiavelli ihm selbst so lebendig vor Augen gestellt hatte? Diesem blieb alsdann immer noch übrig, es zu machen, wie der Graf von Shaftesbury, der dem Könige Karl dem Zweiten Nachschlage gab, die die Freiheit der englischen Nation untergruben, und darauf selbst diesen übermüthigen, leichtsinnigen und dennoch hinterlistigen Fürsten, da er seine Sache verdorben hatte, im Parlamente wegen jener Verräthereien gegen die Nation anklagte.

Warum hätte Macchiavelli Bedenken tragen sollen, selbst mit einem Fürsten eben so umzugehen, wie er diesen lehrt, andre Menschen zu behandeln, die ihm zu Werkzeugen dienen? Wir haben keinen Timoleon vor uns, keinen Junius Brutus, keinen Hampden, keinen Wilhelm Tell: sondern den verschmitzten Unterhändler am französischen Hofe, Freund des Tyrannen von Siena, Verehrer des Königs aller Teufel seiner Zeit, des Cäsar Borgia. Der Staatsmann muß auch mit solchen Menschen umzugehen wissen. Er muß sich darauf verstehen, sie zu behandeln; er muß seine Gefühle in sich verschließen können, um unvermeidliche Verhältnisse mit ihnen zu benutzen, oder doch unschädlich zu machen. Aber das unaufhörliche Treiben in solchen Verbindungen ist stets gefährlich. Es ist sehr schwer, dabei sein eignes Gemüth unbefleckt zu erhalten. Die Gewohnheit, seine Empfindungen zu verläugnen, stumpft sie ab. Man vergißt am Ende die natürlichsten Gesichtspunkte, die einfachsten Wahrheiten, und wird durch die Kunstgriffe seines eignen Verstandes aus seinem wahren Charakter herausgeworfen: man weiß selbst nicht, wie.

Ein Werk, wie das Buch vom Fürsten, einem großen Herrn vorzulegen, und es von sich bekannt werden zu lassen, daß man solche Rathschläge gebe, war ein gewagtes Stück. Aber Macchiavelli überließ sich der politischen Intrigue mit vollkommner Zuversicht zu sich selbst. Er glaubte damit spielen zu können, weil er sich auf seine Kraft des Verstandes, die Sicherheit seines Urtheils und seine dreiste Entschlossenheit verließ. Wie manche Menschen, denen Niemand diese Vorzüge zugestehen wird, möchten ihm dennoch gern nachahmen! Alle, die sich ihn zum Muster nehmen und mit einer Geschmeidigkeit des Verstandes, die sie macchiavellisch nennen, die Schwäche ihres Charakters, ihre Eitelkeit, ihren Leichtsinn zu beschönigen suchen, mögen sich zur Warnung dienen lassen, was ihrem angeblichen Vorbilde begegnete, als der Tod des Herzogs von Urbino Gelegenheit zu neuen Versuchen für die Herstellung der Republik gab, und einer derselben endlich gelang. Welchen häßlichen Contrast damit bildete das Buch vom Fürsten! Der Verfasser hätte das Meisterstück seiner Feder gern unterdrückt: aber es hatte sogleich, nachdem er es aus den Händen gegeben, zu viele Bewundrer gefunden: so verlor er den endlichen Lohn so vieler gefahrvoller und mit schwerem Leiden verbitterter Unternehmungen, weil er nicht, einer Partei standhaft ergeben, mit Beharrlichkeit hatte erwarten mögen, ob das Schicksal ihr vergönnen würde, das Haupt wieder zu erheben.

Wer unter allen Umständen etwas bedeuten will, jedem Herrn und zu jedem Zwecke dient, nur damit Er etwas gelte, verfehlt das Ziel, nach dem er mit allzu großer Begierde sich übereilt. Aller Aufwand von Verstand und Talenten ist unzureichend, um eine wirklich große Rolle zu spielen: dazu gehört ein großer Charakter. Durch die allzu rege unruhige Eitelkeit wird das schärfste Urtheil irre gemacht, und die Dreistigkeit im Denken ist oft nur eine Versuchung mehr, sich verderblichen Anschlägen zu überlassen. Ueberhaupt hat derjenige, der mit besonnener Mäßigung nach dem Besitze äußerer Güter strebt, weit mehr Wahrscheinlichkeit sie zu erhalten, als der, dem sie um keinen Preis zu theuer sind, und der sie unter jeder Bedingung besitzen will. Der Eigensinn der rastlosen Begierde erregt gemeiniglich selbst unüberwindliche Schwierigkeiten. Sogar die öffentliche Achtung, welche den Gegenstand des edelsten Triebes ausmacht, darf nicht allzu begierig gesucht werden. Sie ist von der freien Gesinnung der Menschen, mithin auch von ihrer Laune abhängig. Sie läßt sich nicht abbringen, folgt aber freiwillig dem, der sie verdient, ohne sie zu begehren. Bemerken die Menschen, daß man sich ängstlich um ihren Beifall bemüht, so widerstrebt ihre Selbstsucht. Der Neid versteckt sich hinter dem Vorwand, es *sei* nur auf die Befriedigung des Ehrgeizes und der Herrschsucht abgesehen. Wer sich aber nicht in seinen Bemühungen für Zwecke, die den Beifall der Menschen verdienen, durch die Begierde nach dem Genüsse dieses äußern Lohns irre machen läßt, und niemals seinem eignen Bewußtsein die fremde Bewunderung vorzieht, dem wird auch diese letzte nicht entgehen.

Wenn man das Buch vom Fürsten richtig schätzen will, so muß man nicht vergessen, daß der Verfasser nirgends in der Geschichte als Hauptperson erscheint, sondern immer nur eine untergeordnete Rolle spielt. Es rührt von einem trefflichen Beobachter her, der in die handelnde Welt mit eingegriffen hatte, sich aber nicht berufen fühlte, seine Lehren selbst in Ausübung zu bringen. Die Schriften solcher Männer, welche die Grundsätze, die sie aufstellen, aus ihren eignen Handlungen nehmen, haben einen ganz andern Charakter. Vielleicht ist mehr Wahrheit in den Erzählungen einfacher Beobachter; denn es hat doch schwerlich jemals ein Mann, der große Dinge geleistet hatte, von sich selbst geschrieben, ohne daß sein Wunsch, der Welt etwas anders zu erscheinen als in seinem eignen Bewußtsein, einigen Einfluß auf seine Darstellung gehabt hätte. Aber dagegen sprechen die Empfindungen mit mehr Lebendigkeit in den Werken derer, die von eignen Handlungen reden. Es ist doch etwas Andres, zu sagen, was man selbst gethan, oder in allem Ernste bereit ist zu thun; oder Pläne anzugeben, die Andre ausführen sollen. Bei diesen Spielen des Verstandes setzt man sich über Alles weg: sobald man aber selbst handeln soll, erscheinen die Dinge ganz anders, und alsdann lassen die Einwendungen des Gewissens sich nicht so abweisen. Es ist noch immer die Frage: ob Macchiavelli, wenngleich er nach den Aussagen von Schriftstellern, die ihm nicht aus politischen Gründen abgeneigt waren, im Privatleben ein »schlechter Mensch« gewesen sein soll, das Alles hätte thun mögen, was er, der wohl wußte, daß er nicht Fürst werden würde, demjenigen rieth, der danach strebte.

Es gibt Menschen, bei denen alle Kräfte in den Kopf treiben; die mit der durchdringendsten Schärfe des Verstandes Alles durchschauen und zu jedem möglichen Zwecke die Mittel auf das Treffendste anzugeben wiesen: die aber in der Beurtheilung der Zwecke von ihrer eignen Einbildungskraft oder von Vorspiegelungen Anderer leicht irre geführt werden. Solche Männer sind recht gemacht, als Rathgeber zu glänzen. Man hört sie gern, weil sie nichts gegen die Absichten einwenden, die die Neigung einflößt und sich so gut darauf verstehen, diese Zwecke zu erreichen. Aber sie sind gefährliche Rathgeber. Denn weil die Zweckmäßigkeit aller Mittel sie weit mehr interessirt, als die Beschaffenheit der Zwecke selbst, so überlassen sie sich dreist allen Kombinationen des Witzes; und das um so viel mehr, wenn sie nicht selbst ausführen sollen, was sie ausgedacht haben. Man findet daher auch bei ihnen mit dem bewunderungswürdigsten Verstande eine Versatilität in den Grundsätzen und Absichten, die unbegreiflich scheint, bis man bemerkt, daß es nicht die Sachen selbst sind, an denen sie Freude finden; daß es in einem wie im andern Falle nur das Spiel des Verstandes ist, das sie interessirte. Ist vollends das Talent des Redners oder Schriftstellers mit jenen Vorzügen verbunden, so werden leicht die edelsten Gesinnungen und größten Ideen nur als Mittel angesehen, Pläne des Augenblicks auszuführen, und nach der Wirkung, die der Ausdruck derselben auf den Zuhörer oder Leser macht, geschätzt.

Der Umstand, daß Macchiavelli einen großen Theil der Achtung seiner Zeitgenossen seinen schriftstellerischen Talenten verdankte, ist sehr wichtig. Wenn aus dem Bisherigen klar wird, wie er ein solches Buch hat schreiben können, so ist noch etwas Unbegreifliches darin, daß er es bekannt gemacht hat. Derjenige, dem der Rath gegeben wird, sein Wort zu brechen, und der es eingesteht, daß er diesen Rath befolgen wird, kann sich schwerlich versprechen, Glauben zu finden. Das Buch vom Fürsten ist voll solcher Anschläge, die vereitelt sind, sobald sie bekannt werden. Aber Macchiavelli konnte sich nicht enthalten, das Lieblingskind seines Geistes, das Meisterstück seines Scharfsinns und seiner unvergleichlichen Feder, zur Bewunderung aufzustellen; und es war der allgemeinen Denkart der Großen so angemessen, daß selbst diejenigen, für die es zunächst bestimmt war, kein Arg daraus hatten, es könne ihnen schaden. Es ging also aus einer Hand in die andere.

Gedruckt ward es indessen erst nach des Verfassers Tode.[9] Papst Clemens der Siebente, ein Medici, naher Verwandter des Lorenzo, dem es zugeeignet ist, verstattete unbedenklich die öffentliche Bekanntmachung durch den Druck; und eben dies beweist sehr deutlich, wie sehr die darin herrschende Gesinnung mit der allgemeinen Denkart der Nation übereinstimmte. Eben so hat Gregor der Dreizehnte kein Arg daraus gehabt, was seine Billigung der Pariser Bluthochzeit für eine Wirkung in der christlichen Welt thun würde. In beiden Fällen sah der päpstliche Hof, der nie zurückgeht, sich durch die allgemeine Stimme genöthigt, einen öffentlichen Schritt zu thun, um das Aergerniß zu heben. Als das Geschrei über Macchiavelli's Fürsten laut wurde, verdammte Paul der Vierte das Buch 1559.

---

[9] Man behauptet zwar, das Buch sei 1515 gedruckt, also nicht allein bei Lebzeiten des Verfassers, sondern sogar auch des Lorenzo, dem es dedicirt ist. Allein der Herausgeber einer vollständigen Sammlung aller Werke des Macchiavelli (Florenz, 1782, in 6 Quartbänden), behauptet, Niemand habe den angeblichen Druck gesehen; der erste sei vom Jahre 1532, wo Giunti es mit Privileg des Papstes edirte.

Der Scandal dauerte fort, und ward so arg, daß 1592 einem Enkel des Verfassers, dem Niccolo Macchiavelli, in Gemeinschaft mit einem Neffen desselben, Giuliano de' Ricci, der Auftrag gegeben ward, das Tadelnswürdige aus dem Werke wegzuschaffen. Da aber Niemand Interesse daran hatte, sie zu einer Arbeit anzutreiben, deren Absicht durch die Ankündigung schon erreicht war, so unterblieb sie, und das Buch ward bis heute unzählige Male unverändert so aufgelegt, wie es hier folgt.

Das Buch vom Fürsten.

Zueignung an den Großmächtigen *Lorenzo*, Sohn des Piero, *von Medici*.[10]

Diejenigen, welche die Gunst eines Fürsten zu erwerben trachten, pflegen sich ihm mit dem zu nähern, was ihnen unter Allem, das sie besitzen, das Liebste ist, oder ihm am meisten zu gefallen scheint: daher ihm so oft Pferde, Waffen, Teppiche, Edelsteine und andre Zierrathen überreicht werden, die seiner Größe würdig scheinen. Indem ich mich Euch, großmächtiger Herr, mit einem Beweise meiner unterthänigen Ergebenheit zu nahen wünsche, finde ich nichts in meinem Vorrathe, was mir werther wäre, oder ich höher schätzte, als die Kenntniß der Handlungen großer Männer, die ich durch lange Erfahrung der neuern Zeit und unablässiges Lesen der Alten erworben. Diese habe ich mit großem Fleiße lange durchdacht und geprüft, und jetzt in ein kleines Buch zusammengefaßt, welches ich Euch überreiche, großmächtiger Herr. Und obgleich ich einsehe, daß es nicht werth sei, vor Euch gebracht zu werden, so hoffe ich doch von Eurer freundlichen Gemüthsart, es werde gut aufgenommen werden, in Anbetracht, daß ich kein größeres Geschenk zu geben vermag, als dieses, welches in den Stand setzt, in so kurzer Zeit Alles einzusehen, was ich in vielen Jahren, mit so vielen Gefahren und Mühseligkeiten erlernt und begriffen habe. Dieses Werk ist von mir nicht geschmückt, noch mit vielem Wortgepränge oder anderer Schminke und äußerer Zierde aufgeputzt, wie viele Andre ihre Werke zu schreiben und zu schmücken pflegen: weil ich wollte, daß die Sache selbst sich ehre und die Wahrheit des Inhalts und der Ernst der Ausführung allein das Buch empfehle. Es werde mir aber nicht als eine Anmaßung ausgelegt, daß ich,

---

[10] Ueber die Widmung vgl. Möllenhoff, Macaulay's kritische Aufsätze, Bd. L, Macchiavelli, (Univ.-Bibl, No. 1183) S. 49, Bd. 2, Macchiavelli, (Univ.-Bibl. No. 1183) S. 49.

ein Mann von geringem Stande, es wage, über die Handlungen der Großen zu urtheilen, und mich erdreiste sie zurecht zu weisen. Denn so wie diejenigen, welche Landschaften aufnehmen, in die Ebene herabsteigen, um die Gestalt der Berge und Höhen zu betrachten, und auf die Berge steigen, um die Thäler zu beobachten, so erkennen zwar die Großen am besten die Natur des Volkes; um aber die Fürsten zu kennen, muß man aus dem Volke sein. Nehmt daher, großmächtiger Herr, dieses kleine Geschenk, in der Gesinnung, mit welcher ich es überreiche. Ihr werdet darin einen brennenden Wunsch sehen, daß Ihr zu der Größe gelangt, zu welcher Euch die Glücksumstände und andre Eigenschaften bestimmt haben. Wenn Eure Hoheit aber von Eurem erhabnen Standpunkte aus die niedern Orte herabsieht, in denen ich mich befinde, so werdet Ihr erkennen, mit welchem Unrechte ich ein anhaltendes widriges Schicksal ertragen muß.

1. Verschiedene Arten der Herrschaft, und Wege, zu ihr zu gelangen.

Alle Staaten und Gewalten, welche Herrschaft über die Menschen gehabt haben und noch haben, sind Republiken oder Fürstenthümer. Diese sind entweder ererbt, indem sie von dem Geschlechte des Herrschers schon lange regiert worden sind; oder sie sind neu errichtet. Die neuen sind entweder von Grund aus neu, so wie die Herrschaft des Franz Sforza zu Mailand; oder sie sind nur als Theile dem erblichen Staate dessen, der das Land erwirbt, hinzugefügt, wie z. B. das Königreich Neapel dem Könige von Spanien gehört. Solche neu erworbene Staaten sind entweder schon früher an die Herrschaft gewöhnt gewesen, oder die Freiheit ist in ihnen hergebracht. Sie werden erworben: durch fremde Gewalt, oder durch eigne Kräfte; durch Glück, oder durch Tapferkeit.

2. Von den erblichen Fürstentümern.

Von Republiken will ich nicht reden, weil dies von mir bereits in einem andern Werke ausführlich geschehen ist. Ich wende mich zur Alleinherrschaft, und werde nach der oben angegebenen Ordnung erörtern, wie solche erworben und behauptet werden kann. Ich sage also, daß in den erblichen Fürstenthümern, die an die Dynastie ihrer Herren gewöhnt sind, viel weniger Schwierigleiten entstehen, sie zu erhalten und zu behaupten, als bei neuen: weil es nur darauf ankommt, die Verhältnisse, so wie sie unter den Vorfahren waren, nicht zu verändern, und bei allen Vorfällen in die Gelegenheit zu sehen. Ein solcher Fürst wird sich also stets auf dem Throne erhalten, es sei denn, daß ganz ungewöhnliche und außerordentliche äußere Gewalt ihn desselben beraube; und wird er der Herrschaft beraubt, so vermag er sie wieder zu erlangen, sobald dem, der sie ergriffen hat, etwas Widriges begegnet. Wir haben in Italien ein Beispiel an dem Herzoge von Ferrara, der den Venezianern im Jahre 1484 und darauf dem Papst Julius dem Zweiten durch nichts Anderes Widerstand geleistet hat, als durch seine in langer Zeit fest begründete Herrschaft. Denn der angeborne Fürst hat weniger Veranlassung, und ist selten in der Notwendigkeit, zu beleidigen. Er ist daher mehr beliebt, und es ist natürlich, daß die Seinigen ihm wohlwollen, wenn er sich nicht durch außerordentliche Last verhaßt macht. In der Länge der Zeit einer fortgesetzten Herrschaft wird die Veranlassung und die Erinnerung der Neuerungen vergessen, wohingegen Eine Neuerung immer durch sich selbst die Veranlassung zu andern nachfolgenden zurückläßt.

3. Von vermischten Herrschaften.

Aber die neuen Herrschaften sind ganz andern Schwierigkeiten unterworfen. Und zwar erstens, wenn nicht das ganze Reich neu ist, sondern nur ein Theil davon, und es also ein vermischtes Reich genannt werden könnte, so entstehen gewaltsame Veränderungen aus natürlicher Schwierigkeit, welche allen neuen Herrschaften gemein ist, und daher rührt, daß die Menschen gern ihren Herrn verändern, in Hoffnung, daß es besser werden könne, und die Waffen hierauf ergreifen: darin aber irren sie, indem sie bald erfahren, daß es schlimmer wird. Und das liegt wieder in der Natur der Dinge: weil der neue Herr seine Unterthanen mit Soldaten und auf manche andre Art zu bedrücken genöthigt ist, blos weil die Herrschaft neu ist. Du wirst also alle diejenigen zu Feinden haben, die du durch die Eroberung selbst beleidigt hast, ohne diejenigen, durch deren Hilfe du Herr geworden bist, zu Freunden zu behalten, weil du sie nicht nach ihren Wünschen befriedigen kannst, und auch keine kräftigen Heilmittel anwenden darfst, wegen der Dankbarkeit, die du ihnen schuldig bist. Denn auch der Mächtigste bedarf der Begünstigung von Einheimischen, um in das Land einzudringen. Aus dieser Ursache hat Ludwig der Zwölfte von Frankreich Mailand so geschwind erobert, und so geschwind wieder verloren. Das erste Mal war die eigne Kraft des vertriebenen Herzogs Ludwig Sforza hinreichend, weil das Volk, das jenen eingeführt hatte und sich in seiner Hoffnung getäuscht fand, den Widerwillen gegen die neue Herrschaft nicht ertragen mochte. Es ist wahr, daß so zum zweiten Male eroberte Länder nicht wieder so leicht verloren gehen, weil der Herr von der Rebellion Veranlassung nimmt, sich durch strenge Maßregeln zu sichern, Verbrecher zu strafen, Verdacht aufzuklären, und an den schwachen Stellen Vorkehrungen zu treffen. Wenn es, um Mailand den Franzosen zu entreißen, das erste Mal hinreichend war, daß ein Herzog Ludwig an der Grenze Rumor anfing, so mußte sich zum zweiten Male die ganze Welt dagegen vereinigen, um die französischen Heere zu vernichten oder zu vertreiben. Die Ursachen sind oben angegeben. Dennoch verlor Frankreich das mailändische Gebiet zum zweiten Male. Die allgemeinen Veranlassungen der ersten Begebenheit sind erzählt; es bleibt also noch übrig, die Ursachen der zweiten zu betrachten, und die Mittel anzugeben, wie man sich in solcher Lage besser behaupten kann, als der König von Frankreich gethan hat. Ich sage also, daß solche Provinzen, welche erobert und mit den alten Staaten des Eroberers verbunden werden, entweder zu demselben Lande gehören und dieselbe Sprache reden, oder nicht. In dem ersten Falle ist es sehr leicht, sie festzuhalten, vorzüglich, wenn sie nicht an Unabhängigkeit gewöhnt gewesen sind. Um sie mit Sicherheit zu beherrschen, ist es hinreichend, die Familie ihrer vorigen Beherrscher auszurotten; denn weil die Einwohner ihre alten Gewohnheiten und Verhältnisse beibehalten, auch übrigens gleiche Sitten mit ihren neuen Mitunterthanen haben, so leben sie ruhig; wie man es in der Bretagne, Gascogne, Normandie gesehen hat, welche schon lange mit Frankreich verbunden sind. Wenngleich zwischen diesen Provinzen und dem übrigen Frankreich in der Sprache geringer Unterschied ist, so kommen doch die Sitten überein, und daher vertragen sie sich leicht mit einander. Wer solche Provinzen erobert hat und sie behalten will, muß auf zwei Dinge Rücksicht nehmen. Erstens: die Familie der vorigen Regenten zu verlöschen; zweitens: die alten Gesetze und Verfassungen nicht abzuändern: so werden alte und neue Staaten baldmöglichst zu einem Ganzen zusammenschmelzen. Aber wenn Provinzen eines Landes erobert werden, das an Sprache, Sitten, Verfassung verschieden ist, so entstehen Schwierigkeiten, und es gehört viel Glück und große Bemühung dazu, sie zu behalten.[11] Eines der kräftigsten Mittel ist, daß der Eroberer selbst sich hinbegebe, um daselbst seinen Wohnsitz aufzuschlagen. Dadurch wird der Besitz gesichert und dauerhaft. So haben es die Türken mit dem griechischen Reiche gemacht, welches sie trotz aller andern angewandten Bemühungen nicht hätten behaupten können, wenn sie nicht die Residenz in Konstantinopel genommen hätten. Denn wenn der Regent sich selbst da befindet, so sieht er alle Unordnungen in ihrer Entstehung und kann geschwind abhelfen. Ist er nicht gegenwärtig, so vernimmt er sie erst, wenn sie schon sehr angewachsen sind, und keine Hilfe mehr ist. Außerdem wird das Land nicht von den Beamten des Regenten ausgeplündert: es beruhigt die Einwohner, zu ihm selbst seine Zuflucht nehmen zu können. Ist er gut, so wird er geliebt; wo nicht, so wird er doch gefürchtet. Fremde, die den Staat angreifen möchten, haben mehr Rücksicht zu nehmen. So lange der Regent da wohnt, ist es schwer, ihn dessen zu berauben.

Das zweite vorzügliche Mittel ist, Colonien an einen oder zwei Orte zu senden, die Schlüssel des Landes sind. Dies ist notwendig. Wer es unterläßt, muß wenigstens hinreichende Kriegsmacht daselbst halten. Die Kolonien kosten dem Fürsten nicht viel. Er besetzt sie ohne vielen Aufwand und beleidigt nur diejenigen, die von Haus und Hof vertrieben werden, um neuen Bewohnern Platz zu machen. Dies ist immer nur der kleinere Theil. Diese Beleidigten leben zerstreut und sind arm: sie können wenig schaden, und alle übrigen werden leicht beruhigt, oder sie fürchten sich, daß es ihnen so ergehen möchte wie Jenen, wenn sie sich rührten. Wohl zu merken ist, daß die Menschen entweder zur Ruhe geschmeichelt, oder vernichtet werden müssen. Denn wegen geringer Beleidigungen rächen sie sich; wegen großer vermögen sie das nicht. Jede Verletzung muß also so zugefügt werden, daß keine Rache zu besorgen ist. Wird statt der Colonien Besatzung gehalten, so kostet das so viel, daß die Einkünfte des neuen Staats daraufgehen. Die Eroberung schlägt also zum Schaden aus und verletzt weit mehr, weil sie den ganzen neuen Staat trifft. Jeder fühlt die Last der Einquartierung, und Jeder wird Feind; diese Feinde aber bleiben, wenn sie geschlagen sind, in ihren eignen Wohnungen. Nach allen Seiten also ist diese Besatzung schädlich: die Colonien hingegen sind nützlich. Ferner muß der Herr einer solchen für sich bestehenden abgesonderten Provinz sich zum Oberhaupte und Beschützer der schwächern Nachbarn machen, und die Mächtigen unter ihnen zu schwächen suchen: vor allen Dingen aber verhindern, daß kein andrer

---

[11] Man denkt jetzt (1879) an Lothringen oder Bosnien!

Fremder, der so mächtig wäre als er selbst, hereindringt. Solche werden immer von Unzufriedenen, aus Ehrgeiz oder aus Furcht hereingelassen. Man hat einst gesehen, daß die Römer durch die Aetolier nach Griechenland gelassen wurden. Eben so sind sie in alle Länder, in die sie gedrungen, durch die Einwohner hereingerufen. Es geht damit also zu. Sobald ein Fremder in einem Lande Fuß faßt, so hängen sich alle Mindermächtigen in demselben an ihn, aus Neid gegen denjenigen, der im Lande selbst der Mächtigste war. Gegen jene Mindermächtigen ist also nur wenig zu thun. Sie sind leicht gewonnen, und machen gemeinschaftliche Sache mit dem neu eingedrungenen. Dieser hat nur zu sorgen, daß jene nicht mächtiger werden; und er kann leicht diejenigen, welche das Haupt emporheben, niederdrücken, und also selbst die Oberhand behalten. Wer diese Verhältnisse nicht gut zu regieren weiß, verliert seine Eroberung, und hat unendliche Mühe und Verdruß, so lange er sie behält. Die Römer führten ihre Sache in den eroberten Provinzen sehr gut, sandten Colonien hin, unterstützten die Schwachen, ohne sie zu stark werden zu lassen, demüthigten die Mächtigen, und ließen das Ansehen mächtiger Fremden nicht aufkommen. Griechenland dient hinlänglich zum Beispiele. Sie hielten die Achäer und Aetolier aufrecht, sie erniedrigten die Könige von Macedonien, vertrieben den Antiochus. Achäer und Aetolier konnten durch alle ihre Verdienste um sie doch nicht die Erlaubniß auswirken, irgend einen Staat mit sich zu verbinden; durch alle Schmeicheleien des Philipp ließen sie sich nicht verleiten, seine Freunde zu sein, ohne ihn niederzuhalten; Antiochus konnte mit aller seiner Macht nicht bewirken, daß sie ihm zugestanden hätten, in Griechenland festen Fuß zu fassen. Die Römer thaten in diesen Fällen, was alle vorsichtigen Regenten thun müssen, welche nicht allein auf die gegenwärtigen, sondern auch auf die künftigen Unruhen achten und diesen begegnen. Was man von ferne kommen sieht, dem ist leicht abzuhelfen; wenn man aber wartet, bis das Uebel da ist, so kommt die Arznei zu spät,[12] und es geht, wie die Aerzte von der Lungensucht sagen: daß sie zu Anfang leicht zu heilen, aber schwer zu erkennen; wenn sie aber im Anfange verkannt worden, in der Folge leicht zu erkennen und schwer zu heilen sei. Eben so geht es dem Staate. Auch in ihm sind die Uebel, die man von fern erkennt, (das vermag aber nur der, welcher Verstand hat) leicht und geschwind geheilt; hat man sie aber so weit anwachsen lassen, daß Jeder sie erkennt, so ist kein Mittel mehr dagegen zu finden. Die Römer also sahen die Verlegenheiten, ehe sie entstanden, von ferne, und ließen sie nicht näher kommen, um einen

---

[12] Erinnerung an Ovids (*Remed. Am.* 91) Vers: *Principiis obsta, sero medicina paratur.*

Krieg für den Augenblick zu vermeiden. Denn sie wußten, daß man einem Kriege nicht so entgeht, wol aber nur zum Vortheile des Gegners aufschiebt. Sie beschlossen also mit Philipp und Antiochus in Griechenland Krieg zu führen, um ihn nicht in Italien selbst bestehen zu müssen. Sie konnten ihn zu der Zeit wohl vermeiden; aber es gefiel ihnen nicht, was die Weisen unsrer Zeit im Munde führen: Zeit gewonnen, Alles gewonnen. Sie verließen sich vielmehr auf ihre Tapferkeit und Klugheit. Denn die Zeit treibt Alles vor sich her, Gutes wie Schlimmes; Schlimmes führt sie aber auch eben so leicht herbei als Gutes.

Jetzt wende ich mich zu Frankreich und will untersuchen, ob es eine ähnliche Politik beobachtet habe, und zwar rede ich von Ludwig dem Zwölften, und nicht von Karl dem Achten, weil jener sich länger in Italien gehalten hat, und der Gang seiner Unternehmungen daher klarer vor Augen liegt. Wir werden also sehen, wie er das Gegentheil von Allem gethan hat, was geschehen muß, um in einem fremden Lande Provinzen zu behaupten. Ludwig der Zwölfte ward in Italien durch den Ehrgeiz der Venezianer eingeführt, welche die Hälfte von Mailand dadurch zu erwerben hofften. Ich will diese seine Unternehmung nicht tadeln; denn da er einmal in Italien Fuß fassen wollte, und wegen des Betragens seines Vorfahren, Karl des Achten, keine Freunde in diesem Lande hatte, so mußte er wol die Verbindungen knüpfen, die sich anboten: und die Sache wäre auch gelungen, wenn er keinen anderweiten Fehler gemacht hätte. So wie der König die Lombardei eroberte, ward der Ruf, den Karl verloren hatte, bald wieder gewonnen; Genua fiel, und die Florentiner traten auf seine Seite. Alles kam ihm entgegen, der Marchese von Mantua, der Herzog von Ferrara, Bentivoglio (welcher Bologna inne hatte), die Dame von Forli, die Herren von Faenza, von Pesaro, von Rimini, von Camerino, von Piombino, die Republiken Lucca, Pisa, Siena, Alles bewarb sich um seine Freundschaft. Und nun konnten die Venezianer schon einsehen, wie unüberlegt sie gehandelt hatten, als sie, um selbst zwei Städte zu erlangen, ihn zum Herrn von zwei Dritttheilen von ganz Italien gemacht hatten. Jeder kann sehen, wie leicht es dem Könige gewesen wäre, sein Ansehen in Italien zu behaupten, wenn er die erwähnten Grundsätze befolgt, und dem großen Haufen seiner Freunde durch seinen Schutz Sicherheit gewährt hätte. Die große Zahl derselben mußte ihm wol anhängen, denn sie waren insgesammt schwach und fürchteten, einige den heiligen Stuhl, andere die Venezianer; durch sie aber konnte er wieder Alles, was noch groß und mächtig im Lande war, im Zaume halten. Kaum aber war er Herr von Mailand, so that er das Gegentheil, indem er dem

Papst Alexander dem Sechsten zur Herrschaft in der Provinz Romagna verhalf. Er bemerkte nicht, daß er durch diese Entschließung sich selbst Freunde und Anhänger nahm, und den Papst erhob, da er diesem zu seinem so kräftigen geistlichen Ansehen noch so viel weltliche Macht gab. Dieser erste Fehler zog andere nach sich, so daß er am Ende selbst nach Italien kommen mußte, um der Macht Alexanders Grenzen zu setzen, und zu verhüten, daß dieser nicht Herr von Toscana werde. Nicht genug, daß er den Papst auf seine eignen Unkosten groß gemacht; aus Begierde, das Königreich Neapel zu erlangen, theilte er es mit dem Könige von Spanien. Das Schicksal von Italien war bis dahin ausschließlich in seinen Händen. Hiermit aber gab er sich selbst einen Genossen, an den Alle, die mit ihm unzufrieden waren, sich wenden konnten. Statt in jenem Reiche einen König zu lassen, der von ihm abhängig gewesen wäre, zog er einen hinein, der ihn selbst daraus vertreiben konnte. Sie ist in der That eine natürliche und gewöhnliche Sache, die Begierde zu Eroberungen: und die Menschen werden immer gelobt und nicht getadelt, die so etwas unternehmen, wenn sie es ausführen; wenn sie das aber nicht vermögen und doch unternehmen, es koste was es wolle: da liegt der Fehler, und darüber werden sie getadelt. Konnte Frankreich Neapel mit eignen Kräften angreifen, so mochte es dies thun: konnte es das nicht, so mußte es das Land nicht theilen. Und wenn die Theilung der Lombardei mit den Venezianern zu billigen war, weil man dieser Maßregel den Eingang in Italien verdankte, so verdient jene zweite Theilung Tadel, weil sie nicht nothwendig war. Ludwig beging also fünf Fehler. Er vernichtete die Mindermächtigen; vermehrte die Macht eines Mächtigen; rief einen sehr mächtigen Fremden herein; schlug selbst seinen Wohnsitz nicht im Lande auf und führte keine Kolonien ein. Bei seinem eignen Leben hätten trotzdem diese fünf Fehler nicht geschadet, wenn nicht der sechste hinzugekommen wäre, die Venezianer herunterzubringen. Hätte er nicht den päpstlichen Stuhl so mächtig gemacht, und die Spanier nicht hereingerufen, so war es vernünftig und nothwendig, die Venezianer zu erniedrigen. Aber nachdem in jenes Erstere eingewilligt worden, durfte das Letztere nicht geschehen; denn so lange die Venezianer mächtig waren, hätten sie immer die Andern abgehalten, die Lombardei anzufallen. Sie hätten darin nie unter andrer Bedingung eingewilligt, als daß das Land ihnen selbst überliefert würde; die Andern hätten es aber nie den Franzosen nehmen mögen, um es den Venezianern zu geben, und beide zugleich zu bekriegen, hätte man nicht gewagt. Wendet man ein, König Ludwig habe dem Papst Alexander die Romagna, und Neapel den Spaniern zugestanden, um einen Krieg zu vermeiden, so antworte ich: man muß aus den Gründen, die oben bereits angegeben wurden, niemals ein übles Verhältniß einreißen lassen, um einen Krieg zu vermeiden; denn er wird gar nicht vermieden, sondern nur zu deinem Nachtheile aufgeschoben. Sollte man mir aber etwa das Wort entgegensetzen, das der König dem Papste gegeben hatte, daß er ihm die Unternehmung auf die Romagna verstatten wolle, zum Lohne für die Einwilligung in Ludwigs Ehescheidung und für den erbetenen Kardinalshut des Erzbischofs von Rouen, so berufe ich mich auf das, was ich hiernächst über Treu und Glauben der Fürsten sagen werde, und über die Art, wie sie Wort halten müssen. König Ludwig hat also die Lombardei verloren, weil er nichts vom Allem beobachtet hat, wodurch Andere Länder erobert und behalten haben. Und so ist es gar nicht zu verwundern, sondern vielmehr sehr begreiflich und natürlich. Ich sprach darüber zu Nantes mit dem Cardinal d'Amboise, Erzbischof von Rouen, als der Herzog von Valentinois (wie der Cäsar Borgia, Sohn des Papstes Alexanders des Sechsten, gewöhnlich genannt zu werden pflegte), sich zum Herrn von der Romagna machte. Der Cardinal warf mir vor, die Italiener verständen sich nicht auf den Krieg. Ich erwiderte ihm aber, die Franzosen verständen sich nicht auf die Politik: sonst würden sie den heiligen Stuhl nicht so mächtig werden lassen. Die Erfahrung hat es bewiesen. Frankreich hat den Papst und die Spanier in Italien groß gemacht, und hat es selbst darüber verloren. Hieraus ist eine allgemeine Regel zu ziehen, die niemals oder doch selten trügt: Derjenige, der einen Andern groß macht, geht selbst zu Grunde. Denn es kann von ihm nur durch zwei Dinge bewerkstelligt werden: durch kluge Bemühung, oder durch Gewalt, und beides ist dem, der mächtig geworden ist, verdächtig.

4. Warum das Reich des Darius nach Alexanders Tode gegen seine Nachfolger nicht aufstand?

Wenn man die Schwierigkeiten erwägt, welche es hat, eine neu errungene Herrschaft zu behaupten, so könnte man sich wundern, wie es zugegangen, daß das ganze von Alexander dem Großen innerhalb weniger Jahre eroberte asiatische Reich, welches er kaum in Besitz genommen, als er starb, und wovon man deswegen hätte glauben sollen, daß es gegen seine Nachfolger aufstehen werde, von diesen dennoch behauptet wurde, ohne alle andern Schwierigkeiten, als die, welche ihre eignen Uneinigkeiten erzeugten. Ich antworte darauf, daß alle Herrschaften, von denen man Kunde hat, auf zweierlei Weise regiert worden sind. Entweder durch einen Herrn, der sich nur solcher Diener bediente, die vermöge der ihnen aus Gnaden verliehenen Gewalt, blos als Werkzeuge, zu der Verwaltung mitwirkten; oder durch einen Herrn und kleinen Fürsten, die ihre Stellen nicht der Gnade des Herrn, sondern ihrer eignen Abkunft verdankten. Solche hohe Beamten haben eigne Länder und Unterthanen, von denen sie als Herrn anerkannt werden, und die ihnen anhängen. Die Regenten, welche blos mittelst ihrer bestellten Beamten regieren, haben weit größeres Ansehn, weil Niemand im ganzen Lande ist, der nicht dieses Ansehn anerkennt: und wenn er einem Andern gehorcht, so ist es nur als dem Stellvertreter und Diener des Oberherrn. Solchen Personen sind aber die Unterthanen nicht sonderlich zugethan. Beispiele von beiden Arten von Regierungsform geben die Türken und die Franzosen. Das ganze türkische Reich wird von einem Monarchen regiert: die andern sind seine Diener. Es ist in Bezirke getheilt, die von einzelnen Personen verwaltet werden, welche der Sultan nach Willkür ein- und absetzt. Der König von Frankreich hingegen ist von einer großen Zahl von alten Fürstenhäusern umgeben, deren Herrschaft von ihren Unterthanen anerkannt und geliebt wird. Diese Fürsten haben Vorrechte, die der König nicht ohne Gefahr antasten kann. Wer diese beiden Regierungsformen betrachtet, wird finden, daß es schwer ist, das türkische Reich zu erobern: sobald es aber erobert wäre, würde es leicht sein, es zu behaupten. Die Schwierigkeiten der Eroberung sind folgende. Der Eroberer kann nicht durch inländische Fürsten hereingerufen werden, und darf nicht auf Unterstützung von Rebellen hoffen, aus oben angeführten Gründen. Da sie alle Knechte sind, so ist es schwer, sie zu bestechen, und wenn sie bestochen wären, so würde es wenig helfen, weil sie aus den angegebnen Ursachen nicht im Stande sind, das Volk mit in ihr Interesse zu ziehen. Wer also die Türken angreift, muß erwarten, sie einig zu finden, und darf nur auf seine eignen Kräfte rechnen, wenig auf die Uneinigkeit des Gegners. Wenn der Feind aber überwunden ist, so daß er keine Armee wieder aufzustellen vermag, so ist nichts mehr zu fürchten, als die regierende Familie, nach deren Untergange kein Mensch mehr Ansehn genug im Volke hat, mit Erfolg aufstehen zu können. So wie der Sieger vor dem Siege auf Niemand hoffen konnte, so hat er nach demselben Niemand mehr zu fürchten. Das Gegentheil findet statt bei Reichen, die so regiert werden, wie Frankreich, in die es leicht ist einzudringen, sobald man einen von den hohen Reichsbeamten gewonnen hat, unter denen sich immer Unzufriedne und

Neuerungssüchtige finden. Diese vermögen es, aus oben angeführten Ursachen, den Weg ins Land zu öffnen, und den Sieg zu erleichtern. Nachdem aber hat es unendliche Schwierigkeiten, sich darin fest zu setzen: sowol mit denen, die Beistand geleistet haben, als mit den Ueberwundenen. Es ist alsdann nicht genug, das regierende Haus zu vertilgen: denn die Reichsherren bleiben übrig, die sich zu Häuptern aufwerfen, und das Land dem Eroberer bei erster Gelegenheit entreißen, wenn er sie weder zu vertilgen, noch zufrieden zu stellen weiß. Wenn man nun erwägt, von welcher Beschaffenheit das persische Reich war, so wirb man viele Aehnlichkeit mit dem heutigen türkischen finden. Alexander brauchte also nur Schlachten zu gewinnen, und sobald Darius todt war, behielt der Sieger das Reich mit vollkommner Sicherheit. Auch seine Nachfolger hätten es in völliger Ruhe behalten können, und es entstanden in dem weiten Lande keine andern Unruhen, als die sie selbst durch ihre Uneinigkeiten erregten. Aber Länder, die solche Verfassung haben, wie Frankreich, kann man nicht so ruhig besitzen. In Spanien, in Frankreich, in Griechenland entstanden unaufhörliche Empörungen gegen die Römer, wegen der vielen einheimischen Fürsten. So lange das Angedenken an diese währte, blieb der Besitz ungewiß. Nachdem dieses aber erloschen war, erhielten sich die Römer durch ihre Macht und die Länge der Zeit in ruhigem Besitze. In der Folge, als die Römer unter sich selbst zerfielen, vermochte sogar jeder von ihnen einen Theil der Provinzen, nach Maßgabe des darin erlangten Ansehns, in sein Interesse zu ziehen, weil sie ihre eignen Fürsten ganz verloren hatten und keine andre Oberherrschaft anerkannten, als römische. Erwägt man dies Alles, so wird sich Niemand wundern, daß es Alexander so leicht wurde, Asien in Unterwürfigkeit zu halten, dagegen Andre, wie z. B. Pyrrhus, so viele Schwierigleiten fanden, ihre Eroberungen zu behaupten. Der Grund liegt nicht sowol in der Heldenkraft des Eroberers, als in der verschiedenen Beschaffenheit der Eroberungen.

5. Wie Städte oder Fürstenthümer zu behandeln sind, die vor der Eroberung ihre eigne Verfassung hatten.

Wenn Staaten, welche erobert worden, wie wir angenommen haben, gewohnt gewesen sind, nach eignen Gesetzen und in Unabhängigkeit zu leben, so gibt es drei Wege, sie zu behandeln. Der erste ist, sie zu Grunde zu richten; der zweite, daß der

Fürst seinen Wohnsitz daselbst aufschlage; der dritte, sie unter ihren eignen Gesetzen fortleben zu lassen, sich mit einer jährlichen Steuer zu begnügen, und die Regierung einer Oligarchie zu übergeben, vermittelst deren das Land in Unterwürfigkeit erhalten werde. Denn eine solche Regierung weiß wohl, daß sie sich nicht ohne Unterstützung ihres Schöpfers halten kann, und muß Alles thun, um ihm die Herrschaft zu sichern. Eine Stadt, die gewohnt gewesen ist, frei zu leben, wird am leichtesten durch ihre eignen Bürger im Gehorsam erhalten. Als Beispiele können hier die Spartaner und die Römer dienen. Die Spartaner hatten Athen und Theben inne, übergaben die Herrschaft derselben einigen Wenigen, und verloren ihre Eroberung trotzdem. Die Römer zerstörten Capua, Carthago, Numantia, und behaupteten sich daselbst. Sie versuchten es, Griechenland so zu beherrschen, wie die Spartaner es gemacht hatten, indem sie die Freiheit proclamirten und die einheimischen Gesetze bestehen ließen – und es mißlang; so daß sie gezwungen wurden, viele Städte im Lande zu zerstören, um die Herrschaft in demselben zu behaupten. Denn es gibt in der That kein sicheres Mittel dazu, als zu zerstören. Und wer sich zum Herrn einer Stadt macht, die gewohnt gewesen ist, in Freiheit zu leben, und sie nicht ganz auflöst, mag nur erwarten, selbst von ihr zu Grunde gerichtet zu werden. Denn der Name der Freiheit dient immer zum Vorwande des Aufstandes, und die alte Staatsverfassung wird weder über der Länge der Zeit noch über Wohlthaten vergessen. Was man aber auch immer für Vorkehrungen treffen mag, so kommen, wenn die Einwohner nicht getrennt und zerstreut werden, immer der alte Name und die alte Verfassung wieder zum Vorschein, so wie in Pisa nach so langen Jahren, die es unter der Herrschaft von Florenz gestanden hatte. Sind aber Städte oder Länder gewohnt gewesen, unter einem Fürsten zu leben, und dieser ist ihnen genommen und sein Geschlecht verlöscht; sind sie also gewohnt einen Fürsten zu haben, und haben doch keinen alten, so vertragen sie sich nicht darin, Einen aus ihrer Mitte zu erheben; frei leben aber können sie gar nicht. Sie ergreifen also die Waffen nicht so leicht, und ein Fürst bemächtigt sich ihrer ohne Mühe, und behält sie auch leicht im Gehorsam. Aber die Republiken bergen mehr Haß und das Andenken an die verlorne Freiheit. Man zerstört sie also am sichersten oder man wählt sie zur Residenz.

6. Von neuen Herrschaften, die durch eigne Waffen und Tapferkeit errungen werden.

Niemand wundre sich, wenn ich bei Allem, was ich von ganz neuen Herrschaften und von Regenten und Staaten überhaupt sagen werde, große Beispiele anführe. Denn da die Menschen fast immer in gebahnten Wegen gehen, und in ihren Handlungen Andre nachahmen, so muß bei allem Unvermögen, denen gleich zu kommen, die man nachahmt, ein Mann von Geist doch immer sich die edelsten Muster vorsetzen, damit er wenigstens, wenn seine Tugenden gleich das Ziel nicht erreichen, doch einigen Wohlgeruch von sich gebe; er muß es machen, wie kluge Schützen, die erkennen, daß das Ziel zu weit entfernt und der Bogen zu schwach sei, und deswegen die Richtung höher nehmen: nicht um durch Anstrengung bis dahin zu gelangen, sondern um dadurch das Ziel wenigstens zu erreichen. Ich sage also, daß ein neuer Fürst mehr oder weniger Schwierigkeit findet, sich in der Herrschaft zu behaupten, je nachdem er mehr oder weniger Geisteskräfte besitzt. Und da sowol Tapferkeit als Glück einen Privatmann auf den Fürstenstuhl erhebt, so können auch die Schwierigkeiten in der Behauptung der neuen Würde auf beiderlei Art vermieden oder vermindert werden. Oft hat der sich am längsten erhalten, der doch das wenigste Glück hatte. Es wird das Geschäft auch oft dadurch erleichtert, wenn der gänzliche Mangel andrer Staaten den Fürsten nöthigt, in seinem neuen Gebiete zu wohnen. Aber um auf die zu kommen, welche durch eigne Tapferkeit mehr als durch Glück auf einen Thron erhoben sind, so sage ich, daß Moses, Cyrus, Romulus, Theseus und ähnliche die vorzüglichsten gewesen sind. Von Moses ist hier nicht viel zu sagen, weil er nur ausführte, was ihm von Gott aufgetragen war, und er also nur deswegen bewundert zu werden verdient, weil Gott ihn seiner Aufträge würdigte. Wenn wir aber den Cyrus und Andere, die neue Herrschaften gegründet haben, betrachten, so finden wir sie selbst wirklich bewunderungswerth: auch sind sie wenig in ihrer Handlungsweise von Moses verschieden, dem göttliche Belehrung zu Statten kam. Wenn man ihr Leben und ihre Handlungen untersucht, so finden wir, daß sie dem Glücke wenig mehr als die Gelegenheit verdankten, das auszuführen, was sie ausgedacht hatten. Wenn die Gelegenheit gefehlt hätte, so wäre die Kraft ihres Geistes verhaucht: hätte es aber an dieser gefehlt, so wäre die Gelegenheit vergeblich dagewesen. So mußte Moses das israelitische Volk in egyptischer Sklaverei finden, damit es bereit sei, ihm zu folgen. Romulus mußte ausgesetzt werden, um den Gedanken zu fassen, Rom zu gründen und König zu werden. Cyrus mußte die Perser mit der medischen Herrschaft unzufrieden, und die Meder durch den langen Frieden weichlich und weibisch finden. Theseus konnte seinen Geist nicht beweisen, wenn er die Athenienser nicht zerstreut vorfand. Diese Gelegenheiten haben jene großen Männer glücklich gemacht: durch die Größe ihres Geistes aber erkannten sie die Gelegenheit, und dadurch ward ihr Vaterland glücklich und berühmt. Diejenigen, welche durch ähnliche Kraft Fürsten werden, haben Schwierigleiten zu überwinden, um die Herrschaft zu erlangen! behaupten sie aber sehr leicht. Die Schwierigkeiten, die sie zu überwinden haben, entstehen zum Theil von den neuen Einrichtungen, die sie genöthigt sind einzuführen, um die neue Verfassung und ihre eigne Sicherheit zu begründen. Dabei muß man erwägen, daß es gar keine Sache von größerer Schwierigkeit und von zweifelhafterem Erfolge gibt, als sich zum Haupte einer neuen Staatsverfassung aufzuwerfen. Denn Alle die, welche sich in der alten Ordnung der Dinge wohl befanden, sind der neuen feindlich; und diese hat nur laue Vertheidiger an denen, welche dabei zu gewinnen hoffen: theils, wegen der Furcht vor den Gegnern, welche die Gesetze für sich haben; theils, weil die Menschen von Natur mißtrauisch sind, und an eine neue Sache nicht glauben, bis sie sie wirklich klar vor sich sehen. Daher kommt es, daß diejenigen, die der neuen Ordnung feindlich sind, sie bei jeder Gelegenheit theilweise angreifen, die Freunde derselben sie aber mit solcher Lauheit vertheidigen, daß das Oberhaupt sammt ihnen in Gefahr gerathen kann. Um hier ein richtiges Urtheil zu fällen, muß man wohl untersuchen, ob die Neuerer auf eignen Füßen stehen, oder von Andern abhängen; ob sie mithin ihr Unternehmen mittelst guter Worte oder durch Gewalt durchsetzen können. Im ersten Falle geht es ihnen stets schlecht, und sie gelangen zu nichts. Wenn sie aber auf eignen Füßen stehen und durch eigne Kräfte mit Gewalt durchsetzen können, so mißlingt es selten. Daher haben alle bewaffneten Propheten den Sieg davongetragen; die unbewaffneten aber sind zu Grunde gegangen; denn zu jenen Ursachen kommt noch der Wankelmuth des Volks hinzu, welches sich leicht etwas einreden läßt, aber sehr schwer dabei festzuhalten ist. Und der Plan muß so angelegt sein, daß, wenn sie aufhören zu glauben, man sie mit Gewalt dazu anhalten kann. Moses, Cyrus, Theseus, Romulus hätten ihre Anordnungen nicht lange aufrecht erhalten können, wenn sie nicht Gewalt der Waffen hätten gebrauchen können; so wie es zu unsern Zeiten dem Fra Girolamo Savonarola gegangen ist, der mit sammt seiner neuen Staatsverfassung zu Grunde ging, als das Volk aufhörte ihm zu glauben, und er keine Mittel hatte, seine Jünger beim Glauben festzuhalten, und die Ungläubigen zu überführen. Solche haben daher große Schwierigkeiten zu überwinden, und müssen dies Abenteuer durch ihre eigne Tapferkeit bestehen. Sobald sie aber gesiegt haben und anfangen hohes Ansehn zu erlangen, ihre Neider daneben aus dem Wege geschafft sind, so bleiben sie mächtig, sicher, geehrt und glücklich. So großen Beispielen will ich noch eins hinzufügen, das zwar geringer ist, aber doch damit verglichen werden kann, und statt aller andern, ähnlichen dienen soll. Dies sei Hiero von Syracus. Er ward aus einem Privatmann Fürst von Syracus, und das Glück hatte keinen weitern Antheil daran, als daß es die Gelegenheit herbeiführte: denn die Syracusaner, welche unterdrückt waren, wählten ihn zu ihrem Anführer, und in dieser Stelle erwarb er sich durch Verdienste die fürstliche Würde. Seine Eigenschaften waren so edel, daß von ihm erzählt wird, es habe schon als Privatmann ihm nichts zum Herrschen gefehlt, als die wirkliche Herrschaft selbst. Er löste die alte Armee auf und schuf eine neue; verließ seine alten Verbindungen und knüpfte neue an. Zahlreiche Freunde und Krieger hingen ihm an, mit deren Hilfe er jede Verfassung einrichten konnte: also, daß er zwar viele Mühe hatte aufwenden müssen, um zu erwerben, aber nur wenig, um das Erworbene zu behaupten.

7. Von neuen Fürstenthümern, die durch fremde Unterstützung und durch Glücksfälle erworben werden.

Diejenigen, welche durch bloßes Glück Fürsten werden, gelangen dazu ohne sonderliche Mühe; aber sich auf dem Throne zu erhalten, wird ihnen schwer. Auf dem Wege fanden sie keine Schwierigkeiten; denn sie wurden hinaufgehoben: aber wenn sie oben sind, so beginnen jene. Dieses trifft diejenigen, welche für Geld oder durch die Gnade eines Andern Fürsten geworden sind: zum Beispiel manche Griechen sind vom Darius zu Fürsten in Ionien und am Hellespont gemacht, damit sie seine Sicherheit und sein Ansehn beförderten. So auch sind viele Kaiser durch Bestechung der Soldaten zu ihrer Würde gelangt. Diese hängen lediglich vom guten Willen und dem Schicksale derer ab, welchen sie ihre Erhebung verdanken; Beides aber gehört zu den wandelbarsten Dingen auf Erden, Sie verstehen sich nicht darauf, und sie vermögen es auch nicht, sich auf einer solchen Stelle zu erhalten; denn wenn es nicht etwa ein Mann von großem Geiste und Kraft ist, so kann man nicht voraussetzen, daß derjenige, der immer im Privatstande gelebt hat, zu befehlen wisse: sie vermögen es auch nicht, weil sie keine Mannschaft haben, die ihnen ergeben und treu wäre. Ferner können plötzlich entstandene Herrschaften, gleichwie Alles, was geschwind entsteht und wächst, keine tiefen Wurzeln schlagen; mithin reißt der erste Sturm sie aus: es sei denn, daß derjenige, den das Glück erhoben hat, so viel Verstand und Talent habe, das, was ihm der Zufall in den Schooß geworfen hat, zu bewahren, und die Unterlage nachzuholen, die Andre sich angeschafft haben, ehe sie Fürsten wurden. Von jeder der beiden angegebenen Arten dazu zu gelangen, will ich je ein Beispiel aus der Geschichte unsrer Tage anführen. Diese sind *Francesco Sforza* und *Cäsar Borgia*. Der Erste ward durch große Tapferkeit und überlegte Anwendung der gehörigen Mittel Herzog von Mailand. Was er mit vieler Mühe erworben hatte, ward ihm durch die Umstände leicht zu bewahren. Der Andre, Cäsar Borgia, (insgemein Herzog von Valentinois genannt), gelangte zu seiner hohen Stelle durch den Glücksstern seines Vaters, und verlor sie zugleich mit diesem, trotzdem er alle mögliche Bemühung anwandte und Alles that, was ein kluger und muthiger Mann zu thun hat, um in dem Staate, den er durch die Waffen und das Glück eines Andern erhalten hatte, feste Wurzeln zu treiben. Denn wie schon gesagt ist, wer nicht damit angefangen hat, Grund zu legen, kann es allenfalls durch große Anstrengung nachholen, allemal aber doch mit Gefahr des Baumeisters und des Gebäudes. Bei der Betrachtung aller Fortschritte des Herzogs wird man finden, wie viel er gethan, um zu seiner künftigen Größe festen Grund zu legen. Ich halte es nicht überflüssig, dieses ausführlich darzuthun, weil ich einem neuen Fürsten keinen bessern Rath zu geben weiß, als seinem Beispiele zu folgen: und wenn seine Anstalten den Zweck dennoch verfehlten, so lag die Schuld nicht an ihm, sondern an einem ganz außerordentlichen und höchst widerwärtigen Schicksale.

Alexander der Sechste fand große Schwierigkeiten in dem Plane, seinen Sohn zu erheben: und das sowol in der Gegenwart als in der Zukunft. Vor Allem sah er gar keinen Weg, ihm zu andern Besitzungen zu verhelfen, als zu solchen, die im Kirchenstaate lagen. Er wußte aber wohl, daß der Herzog von Mailand und die Venezianer das nicht verstatten würden, weil Faenza und Rimino schon unter venezianischem Schutze waren. Außerdem sah er, daß die italienischen Waffen, besonders diejenigen, deren er sich bedienen konnte, denen anhingen, welche die Größe des päpstlichen Stuhls fürchteten. Sie waren sämmtlich den Orsini und den Colonna ergeben, und mithin war ihnen nicht zu trauen, Es war also nothwendig, diese Verhältnisse zu stören, und in den Staaten von Italien Alles aufzurühren, um sich eines Theils derselben zu bemächtigen. Dies ward ihm leicht, weil die Venezianer aus andern Ursachen damit beschäftigt waren, die Franzosen wieder in Italien hereinzuziehen. Alexander widersetzte sich diesem also nicht, sondern begünstigte es vielmehr durch die Einwilligung, welche er zu der Ehescheidung des Königs Ludwig des Zwölften ertheilte. Dieser brach hierauf in Italien ein mit Zustimmung der Venezianer und des Papstes: und kaum war er in Mailand, so hatte Alexander auch schon wegen des großen Rufs der französischen Macht hinreichende Mannschaft, um seine Unternehmung auf Romagna zu beginnen. Als er diese Provinz erobert und die Partei der Colonna geschlagen hatte, und nunmehro diese Eroberung sichern und weiter gehen wollte, standen ihm zwei Dinge im Wege. Erstens die unzuverlässige Treue seiner Soldaten; zweitens die Gesinnungen des Königs von Frankreich. Er fürchtete, daß die Truppen der Orsini, deren er sich bedient hatte, von ihm abfallen, und nicht allein an weitern Eroberungen verhindern, sondern auch die gemachten wieder entreißen möchten. Vom Könige fürchtete er das Nämliche. Mit den Orsini hatte er es ganz recht errathen: wie sich bewies, als er nach der Eroberung von Faenza Anstalt machte, Bologna zu belagern, und sie dabei so schlaff zu Werke gingen. In Ansehung des Königs ward die Sache klar, als er nach der Besetzung des Herzogthums Urbino Toscana angriff, und der König ihn nöthigte, von dieser Unternehmung abzustehen. Hierauf beschloß der Herzog, sich nicht weiter in Abhängigkeit von fremdem Glücke und fremden Waffen zu setzen. Er fing also damit an, die Parteien der Orsini und Colonna in Rom zu schwächen, indem er alle Edelleute, die ihnen anhingen, zu sich überzog, durch Stellen, Geld und Ehre, welches Alles er ihnen gab. In wenig Monaten war die Zuneigung zu ihren vorigen Anführern verlöscht und hatte sich ganz zu dem Herzoge gewandt. Hierauf sah er die Gelegenheit ab, die Orsini zu vernichten, so wie er schon die Colonna auseinander gesprengt hatte: und das ging ihm noch besser von statten. Die Orsini hatten sehr spät gemerkt, daß die Größe des Herzogs und des päpstlichen Stuhls ihnen den Untergang bereite, und sie kamen darüber zu Magione im Perusinischen zusammen. Hieraus entstanden die Rebellion von Urbino, die Aufstände in Romagna und unzählige Gefahren des Herzogs, die er mit Hilfe der Franzosen überstand. Als er aber dadurch wieder zu Ehren gelangt war und den Franzosen nicht traute, andern fremden Truppen eben so wenig, sie auch nicht auf die Probe stellen konnte, so legte er sich darauf, sie zu hintergehen, und wußte sich wirklich so zu verstellen, daß die

Orsini sich mit ihm durch Vermittlung des Herrn Pagolo Orsini versöhnten. Er versäumte hierauf nichts, um sie zu gewinnen, beschenkte sie mit Kleidern, Geld und Pferden, bis sie sich einfältigerweise nach Sinigaglia in seine Hände locken ließen. Als er hier die Oberhäupter aus dem Wege geschafft und ihre Anhänger unterwürfig gemacht hatte, so war ein guter Grund zur Herrschaft gelegt, indem er ganz Romagna und das Herzogthum Urbino in seine Botmäßigkeit gebracht, und die Völker anfingen, sich darunter wohl zu befinden. Dieser Theil seines Betragens ist vorzüglich würdig, beachtet und nachgeahmt zu werden: daher ich mich darüber etwas verbreiten muß. Nachdem der Herzog die Romagna unter sich gebracht hatte, so fand er, daß dies Land ohnmächtigen Herren angehört hatte, die ihre Unterthanen mehr ausgeplündert als regiert, und mehr Unordnung veranlaßt, als öffentliche Ordnung gehandhabt hatten, so daß diese Provinzen voll von Straßenraub, Parteigängerei und aller Art von Gewaltthätigkeit waren. Er fand also nöthig, sie zu beruhigen und der Obrigkeit unterthan zu machen. Zu diesem Ende gab er ihr den Remiro d'Orco zum Vorgesetzten, einen entschlossenen und grausamen Mann. Ihm ertheilte er volle Gewalt. Derselbe erwarb sich großen Ruhm, indem er das Land in kurzer Zeit zur Ruhe und Sicherheit brachte. Hierauf aber schien es dem Herzoge, daß eine so ausnehmende Gewalt nicht mehr gut angebracht sei, weil sie verhaßt werden möchte. Er ordnete also unter dem Vorsitze eines ganz vorzüglichen Mannes mitten im Lande einen Gerichtshof an, bei welchem jede Stadt ihren Vertreter hatte. Weil die vorige Strenge aber einigen Haß erzeugt hatte, so suchte er diesen auszulöschen und das Voll vollends dadurch zu gewinnen, daß er ihm bewiese, alle begangenen Grausamkeiten rührten nicht von ihm her, sondern von der rauhen Gemüthsart seines Stellvertreters. Er ergriff die erste Veranlassung, ihn eines Tages zu Cesena auf dem öffentlichen Markte in zwei Stücke zerrissen auszustellen, mit einem Stücke Holz und einem blutigen Messer zur Seite. Durch diesen gräßlichen Anblick erhielt das Volk einige Befriedigung und ward eine Zeit lang in dumpfer Ruhe gehalten. Aber um wieder auf die Unternehmung des Herzogs zurückzukommen, so fand sich derselbe mächtig genug und für den Augenblick gegen alle Gefahren gesichert, da er nach seiner Weise hinreichende Mannschaft angeworben, und die Truppen derer, die ihm in der Nähe gefährlich werden konnten, vernichtet hatte. Um weitere Eroberungen versuchen zu können, blieb nur die Rücksicht auf Frankreich übrig, von woher es schwerlich zugegeben werden konnte, nachdem der König den Fehler, den er begangen, obwol spät, eingesehen. Er fing also an, sich um neue

Freundschaften zu bewerben, und mit Frankreich ein zweideutiges Betragen anzunehmen, als ein französisches Heer sich nach dem Königreiche Neapel zu gegen die Spanier zu bewegen anfing, die Gaeta belagerten. Seine Absicht war, sich dieser letztern zu versichern, und das wäre gelungen, wenn nur Alexander VI. leben blieb. So viel that er in Rücksicht auf die Gegenwart. In der Zukunft hatte er vornehmlich zu fürchten, daß ein nachfolgender Papst ihm weniger gewogen sein, und das nehmen möchte, was Alexander ihm gegeben hatte. Hiegegen hatte er vor, sich durch vier Mittel sicher zu stellen. *Erstens*, durch Vertilgung aller Geschlechter der ihrer Herrschaften beraubten Großen, um den Päpsten die Veranlassung zu entziehen, etwas gegen ihn vorzunehmen; *zweitens* dadurch, daß er alle Edelleute von Rom zu gewinnen trachtete, um mittelst derselben den Papst selbst im Zaume zuhalten; *drittens*, indem er sich im Cardinals-Collegium so viele Freunde als möglich machte; und endlich *viertens*, indem er sich vor dem Tode des Papstes eine so große Herrschaft zu erwerben suchte, daß er einem ersten Anfalle mit eignen Kräften hinlänglich widerstehen könne. Von diesen vier Dingen hatte er beim Tode Alexanders drei ganz und das letzte beinahe vollführt. Von den beraubten Herren hatte er, so viel er erreichen konnte, tödten lassen, und sehr wenige waren entkommen, die römischen Edelleute hatte er gewonnen, im Cardinals-Kollegium hatte er die meisten auf seiner Seite. Was aber die Eroberungen betrifft, so hatte er es darauf angelegt, Toscana unter sich zu bringen: Perugia und Piombino aber besaß er wirklich, und Pisa hatte er unter seinen Schutz genommen. Gleich als wenn er auf Frankreich gar keine Rücksicht mehr zu nehmen hatte, (und wirklich konnte er dessen überhoben sein, nachdem die Spanier den Franzosen das Königreich Neapel abgenommen hatten, und nunmehro beide Theile sich um seine Freundschaft bewerben mußten) erklärte er sich zum Herrn von Pisa, worauf Lucca und Siena fallen mußten, theils wegen der Eifersucht gegen Florenz, theils aus Furcht; Florenz selbst hatte keinen Ausweg. Wenn dies gelungen wäre (und es mußte in dem nämlichen Jahre gelingen, in welchem Alexander starb), so erwarb er solchen Namen und solche Kräfte, daß er für sich selbst bestehen konnte, ohne von dem Schicksale oder der Macht eines Andern abhängig zu sein, sondern ganz allein von eigner Macht und Tapferkeit. Aber Papst Alexander starb fünf Jahre nachdem er das Schwert gezogen hatte. Er hinterließ seinen Sohn in folgender Lage. In Romagna allein festgegründete Herrschaft; mit allen übrigen noch in der Luft, und zwischen zwei sehr mächtigen feindlichen Heeren; dazu tödtlich krank. Der Herzog hatte solchen frechen Muth und solche

Ueberlegenheit des Gemüths, er wußte so gut, wie man Menschen für sich gewinnt, und die Fundamente seiner Herrschaft, die er in so kurzer Zeit gelegt hatte, waren so fest gegründet, daß er alle Schwierigkeiten überwunden hätte, wenn er nicht nur jene beiden feindlichen Heere auf dem Halse gehabt, oder gesund gewesen wäre. Daß sein Ansehn gut begründet war, dafür dient zum Beweise, daß man ihn in Romagna über einen Monat lang ruhig erwartete; daß er in Rom selbst halb todt sicher war, und daß die Baglioni Vitelli und Orsini, die nach Rom kamen, sich keinen Anhang gegen ihn machen konnten. Er konnte, wo nicht den neuen Papst machen, doch verhindern, daß Keiner Papst werde, den er nicht wollte. Wäre er vollends beim Tode Alexanders gesund gewesen, so war ihm Alles leicht. Am Tage selbst, da Julius der Zweite auf den päpstlichen Stuhl erhoben ward, sagte er mir, er hätte an Alles gedacht, was beim Tode seines Vaters vorgehen könne, und Mittel gegen Alles ausgefunden; nur daran habe er nicht gedacht, daß er zu gleicher Zeit nahe am Tode sein könne. Wenn ich nun alle Handlungen des Herzogs zusammennehme, so kann ich ihn nicht tadeln. Vielmehr muß ich ihn allen denen als Muster aufstellen, die durch Glück und fremde Macht zu einer Herrschaft gelangen. Bei seinem hohen Geiste und dem Ziele, das er sich vorgesetzt hatte, konnte er nicht anders handeln. Der frühe Tod seines Vaters und seine eigene tödtliche Krankheit waren es allein, die seine Pläne störten. Wer also in seiner neuen Fürstenwürde nöthig findet, sich gegen Feinde sicher zu stellen, Freunde zu erwerben, zu siegen, sei es durch Gewalt oder durch List, sich beim Volke beliebt und gefürchtet zu machen, Anhang und Ansehn unter Soldaten zu verschaffen, vertilgen die beleidigen könnten, oder es nach ihrer Lage müssen, die alte Ordnung der Dinge auf eigne Weise erneuern, streng und gnädig sein, großmüthig und freigebig, untreue Kriegsheere auflösen, neue anwerben, die Freundschaft von Königen und Fürsten erlangen, so daß sie sich gern gefällig beweisen, und hüten zu beleidigen, der wird kein lebendigeres Beispiel finden, als die Handlungen dieses Mannes. Der einzige Vorwurf, den man ihm machen kann, ist der Theil, den er an der Wahl Papst Julius des Zweiten nahm. Denn, wenn er gleich, wie oben gesagt ist, keinen Papst nach seinem eignen Sinne machen konnte, so vermochte er doch zu verhindern, und durfte nie einwilligen, daß einer von den Cardinälen erhoben würde, die ihn beleidigt hatten, oder die ihn, sobald sie den päpstlichen Stuhl bestiegen hatten, fürchten mußten. Denn die Menschen befeinden, entweder aus Haß oder aus Furcht. Diejenigen, die ihn beleidigt hatten, waren unter Andern der Cardinal von San Pietro ad Vincula, Colonna, San Giorgia, Ascania.

Alle andern aber mußten ihn fürchten, sobald sie Papst wurden: nur allein den von Rouen und die spanischen ausgenommen. Diese wegen Verwandtschaft und Verbindlichkeiten; Jener, weil er dazu durch seine Verbindung mit dem Könige von Frankreich zu mächtig war. Der Herzog mußte also vor allen Dingen darauf dringen, daß einer von den spanischen Cardinälen zum Papst gewählt würde. Konnte er das nicht durchsetzen, so mußte er seine Zustimmung dem Cardinal von Rouen geben, und nicht dem von San Pietro ad Vincula.[13] Denn wer da glaubt, daß neue Wohlthaten bei den Großen alte Beleidigungen vergessen machen, der irrt sich. Der Herzog beging mithin bei dieser Wahl einen Fehler, welcher Ursache seines eignen Untergangs geworden ist.

8. Von Denjenigen, welche durch Verbrechen zur Herrschaft gelangen.

Es gibt noch zwei Wege, aus dem Privatstande zur fürstlichen Würde zu gelangen, ohne sie weder ganz dem Glücke, noch der eignen Kraft und Tugend zu verdanken. Ich will sie also hier erwähnen, obgleich von dem einen ausführlicher da gehandelt werden mag, wo von Republiken die Rede ist. Sie sind folgende. Wenn Jemand auf verbrecherischen und verruchten Wegen zur Herrschaft gelangt; und wenn der Bürger eines Freistaates durch die Gunst seiner Mitbürger auf den Fürstenstuhl erhoben wird. Hier also zuerst von jenem ersten Wege, von dem ich zwei Beispiele anführen will; ein altes und ein neues: ohne jedoch weiter in die Untersuchung darüber einzugehen, weil sie nach meinem Urtheile für denjenigen hinlänglich klar sind, der sich im Falle befindet, sie nachahmen zu müssen. Agathokles, der Sicilianer, ward nicht allein aus dem Stande eines Privatmannes, sondern sogar aus der niedrigsten und verworfenen Lage König von Syracus. Er war der Sohn eines Goldschmieds, und führte durch alle Stufen seines Glücks ein verruchtes Leben. Daneben besaß er aber solche Vorzüge des Geistes und des Körpers, daß er vom Soldaten bis zum Prätor von Syracus aufstieg. Hierauf beschloß er, Fürst zu werden und die Macht, die ihm eingeräumt war, mit Gewalt an sich zu halten, ohne dem guten Willen weiter etwas zu verdanken. Er verabredete sich darüber mit dem Amilcar, der mit einem carthagischen Heere in Sizilien stand; berief eines Morgens den Senat und das Volk von Syracus zusammen, unter dem Vorwande, daß er über Angelegenheiten des gemei-

---

[13] Della Rovere, der den Namen Julius der Zweite geführt hat.

nen Wesens zu rathschlagen hätte; ließ aber auf ein gegebenes Zeichen durch seine Soldaten alle Rathsherrn und die Reichsten vom Volke ermorden. Nachdem dieses vollbracht war, ergriff er die Herrschaft und hielt sie an sich, ohne daß irgend welche innere Bewegungen im Staate erfolgt wären. Er ward zwar zweimal von den Carthaginiensern geschlagen und zuletzt belagert, blieb aber doch nicht allein im Stande, die Stadt zu vertheidigen, sondern mit einem Theile seiner Macht, wovon er den andern zurückließ, Afrika selbst anzugreifen, dadurch Syracus in kurzer Zeit zu befreien und die Carthaginienser in das äußerste Gedränge zu bringen. Diese wurden genöthigt, sich mit ihm zu vergleichen, sich mit Afrika zu begnügen und ihm Sicilien zu lassen. Wer seine Handlungen und seine Tapferkeit erwägt, wird finden, daß hier in der That wenig dem Glücke beigemessen werden kann: da er, so wie oben gesagt worden, nicht durch Gunst eines Andern, sondern vielmehr durch ein mit vielem Ungemache und Gefahren errungenes Aufsteigen im Heere zur fürstlichen Würde gelangte, und diese mit so großer Entschlossenheit und Dreistigkeit in Gefahren behauptete. Man kann es nicht Tugend nennen, seine Mitbürger ermorden, Freunde verrathen, ohne Treu und Glauben sein, ohne menschliches Gefühl, ohne Religion. So kann man wol zur Herrschaft gelangen, aber keinen Ruhm erwerben. Wenn man nur die kriegerischen Tugenden erwägt, die Agathokles bewies, indem er sich in Gefahr begab und sie bestand: den großen Sinn, womit er das Unglück ertrug und bestand: so ist nicht abzusehen, worin er eben von den größten Feldherrn so sehr übertroffen werde. Aber seine wilde Grausamkeit, sein Mangel an menschlichem Gefühle und zahllose Unthaten erlauben nicht, ihn unter die vorzüglichsten Menschen zu zählen. Man kann also weder dem Glücke noch seiner Tugend zuschreiben, was er ohne das Eine und ohne das Andre erlangt hat.[14] Zu unsern Zeiten ist unter der Regierung Papst Alexander des Sechsten der Oliverotto von Fermo, der vor gar wenigen Jahren noch ganz klein gewesen war, von einem Oheime mütterlicher Seite, Namens Giovanni Fogliano, erzogen, und in seinen ersten Jugendjahren zum Kriegsdienste unter Paul Bitelli angehalten, damit er durch diese Zucht zu einer angesehenen Kriegsstelle gelangen möchte.

---

[14] Wer in einer ausführlichen Erzählung der Thaten dieses Menschen ein Beispiel aus der alten Geschichte lesen will, wie weit kriegerische Eigenschaften in Verbindung mit gänzlicher Immoralität es darin bringen können, große Dinge auszuführen, die nichts bleibendes Gutes erzeugen, der lese Diodor, Buch 19 und 20.

Nach Pauls Tode diente er unter dessen Bruder Vitellozzo, und als ein Mensch von lebhaftem Verstande, von körperlichen und geistigen Vorzügen, ward er in kurzer Zeit einer der Ersten in dem Heere. Da es ihm aber zu niedrig war, unter Andern zu dienen, so versuchte er durch Hilfe einiger Bürger von Fermo, die lieber Knechte sein, als ihr Vaterland frei sehen mochten, und durch Unterstützung des Vitellozzo die Stadt Fermo unter sich zu bringen, und schrieb an Giovanni Fogliani, daß er nach so vielen Jahren einmal nach Hause kommen und nach seinem Erbtheile sehen wolle; weil er aber bis dahin nur nach Ehre gestrebt habe, so wolle er, damit seine Mitbürger sähen, wie er seine Zeit nicht vergeblich verwandt habe, auf eine anständige Art und in Begleitung von hundert Reitern, Freunden und Anhängern, erscheinen. Er bäte also, die Einwohner von Fermo möchten bewegen werden, ihn recht anständig zu empfangen; was ja ihm, seinem Oheime selbst, der ihn erzogen, zur Ehre gereichen würde. Giovanni versäumte nichts gegen seinen Neffen, bereitete ihm einen ehrenvollen Empfang von den Einwohnern von Fermo und nahm ihn in seinem Hause auf, wo der Oliverotto nach einigen Tagen, die mit Zubereitungen zu seiner Schandthat zugebracht wurden, ein Gastmahl gab, zu welchem er den Giovanni selbst und Alles, was in Fermo angesehen war, einlud. Nachdem die Mahlzeit und was sonst bei solchen Festen vorzugehen pflegt, beendigt war, fing Oliverotto absichtlich ernsthafte Gespräche an, redete vom Papst Alexander und seinem Sohne Cäsar und deren Unternehmungen. Da Giovanni und Andre sich hierauf einließen, stand er plötzlich auf, sagte, dies seien Sachen, die in einem geheimem Orte abgehandelt werden müßten, und zog sich in eine Kammer zurück, wohin ihm Giovanni und andre Bürger folgten. Kaum aber hatten sie sich gesetzt, so brachen aus verborgenen Orten Soldaten hervor, die den Giovanni und alle Andern umbrachten. Nach dieser Mordthat stieg Oliverotto zu Pferde, eilte durch die Stadt und schloß die Magistratspersonen im Rathhause ein. Diese wurden durch Furcht bewogen sich ihm zu unterwerfen, und ihn an die Spitze des Staates zu stellen. Da nun Alle, deren übler Wille ihm schaden konnte, getödtet waren, so befestigte er seine Herrschaft durch neue Anordnungen, bürgerliche und militärische: so daß er während des Jahres, da er die Herrschaft behielt, nicht allein in Fermo sicher, sondern auch allen Nachbarn furchtbar war. Es wäre schwer gewesen, ihn zu überwältigen, eben wie den Agathokles; wenn er sich nicht mit den Orsini und Vitelli von dem Cäsar Borgia zu Sinigaglia (wie oben bereits erwähnt ist) ins Garn hätte locken lassen, wo er zusammt dem Vitellozzo, seinem Lehrmeister in Heldentugenden und

Schandthaten, erdrosselt ward. Man könnte die Frage aufwerfen, wie es zugehe, daß Agathokles und mancher Andre nach so vielen Verräthereien und Grausamkeiten lange in ihrer Vaterstadt sicher leben und sich gegen auswärtige Feinde wehren können, auch keinen Verschwörungen ihrer Mitbürger ausgesetzt gewesen: wohingegen Andre wegen ihrer Grausamkeit sich nicht einmal im Frieden, geschweige denn in den so gefährlichen Zeiten des Krieges, auf ihrer Stelle behaupten konnten? Ich glaube, daß dieses von der rechten oder schlechten Anwendung der Grausamkeit herrührt. Eine wohl angebrachte Grausamkeit (wenn es anders erlaubt ist, diesen Ausdruck zu gebrauchen) ist diejenige, welche ein einziges Mal zu eigner Sicherheit ausgeübt, und nächstdem, so viel möglich, zum Vortheile der Unterthanen benutzt wird. Schlecht angebrachte Grausamkeit ist diejenige, die klein anfängt und mit der Zeit eher ab- als zunimmt. Diejenigen, welche den ersten Weg einschlagen, können, wenn Gott will, mit Hilfe andrer Menschen, so wie Agathokles, ihre üble Lage verbessern. Die Andern können sich gar nicht halten. Es ist also wohl zu merken, daß derjenige, welcher sich der Herrschaft in einem Staate bemächtigen will, alle Grausamkeiten mit Einem Male vollführen müsse, um nicht alle Tage wieder anzufangen, und daß er wohl thue, die Freundschaft der Menschen zu erwerben, indem er von seiner Macht, ihnen wehe zu thun, keinen Gebrauch macht. Wer anders handelt, sei es aus Furcht oder aus Mangel an gutem Rathe, muß das Schwert beständig in der Hand halten, und kann sich nie auf seine Unterthanen verlassen, weil diese wegen der unaufhörlich erneuerten Beleidigungen kein Zutrauen zu ihm fassen können. Alle Verletzungen Andrer müssen auf Einmal geschehen, damit sie weniger überdacht und besprochen, und weniger tief gefühlt werden. Wohlthaten aber müssen nach und nach erzeigt werden, damit man sich unaufhörlich damit beschäftige. Vor allen Dingen aber muß ein Fürst sich einen Plan verzeichnen, der gut genug überdacht ist, damit er sich weder durch günstige noch schlimme Zufälle bewegen zu lassen brauche, davon abzugehen: denn wenn schlimme Zeiten eintreten, so ist es nicht der Augenblick zu harten Verfügungen, und von wohlthätigen hat man keinen Dank, weil sie erzwungen scheinen.

9. Vom Volke übertragene Herrschaft.

Ich komme zu dem zweiten Falle: wenn nämlich Einer aus dem Volke nicht durch Verbrechen und Schandthaten, sondern durch die Gunst seiner Mitbürger Fürst in seinem Vaterlande wird. Dieses Fürstenthum von ganz eigner Art könnte man allenfalls ein bürgerliches nennen. Es wird nicht blos durch Talente oder Glück, sondern vielmehr nur durch eine glückliche und schlaue Geschicklichkeit erworben. Man gelangt dazu mittelst einer Begünstigung, entweder des Volks, oder der Großen in ihm. Denn in jedem Staate gibt es zwei verschiedene Gemüthsbewegungen, die daher rühren, daß das Volk die Herrschaft und Unterdrückung des Großen nicht ertragen mag, die Großen aber das Volk zu beherrschen und zu unterdrücken trachten. Aus dem Streite dieser verschiedenen Bestrebungen entsteht entweder eine Alleinherrschaft, oder die Freiheit, oder unbändige Gesetzlosigkeit. Die Herrschaft wird entweder vom Volke oder von den Großen herbeigeführt, nachdem der eine oder andre Theil dazu Veranlassung erhält. Denn wenn die Großen sehen, daß sie dem Volke nicht widerstehen können, so suchen sie Einem unter sich einen großen Namen zu machen und erheben ihn zum Fürsten, um unter dem Schutze seines Ansehns ihre eignen Begierden zu befriedigen. Ebenfalls das Volk macht, wenn es sieht, daß es den Großen nicht widerstehen kann, einen vorzüglich Angesehenen zum Fürsten, um von ihm geschützt zu werden. Wer durch Hilfe der Großen Fürst wird, erhält sich schwerer als der, den das Volk dazu gemacht hat. Denn er findet sich umgeben von Vielen, die sich ihm gleich dünken, und die er nicht nach seinem Sinne zu behandeln und ihnen zu befehlen vermag. Aber derjenige, welcher durch die Gunst des Volks Fürst wird, steht ganz allein so hoch, und ist mit wenigen Ausnahmen von lauter Leuten umgeben, die ihm zu gehorchen bereit sind. Außerdem kann er auch die Großen nicht befriedigen, ohne Andre zu beleidigen; wohl aber das Volk: denn die Wünsche desselben sind viel billiger, als die Wünsche der Großen. Diese wollen unterdrücken: jenes aber ist zufrieden, wenn es nur nicht unterdrückt wird. Hierzu kommt noch, daß der Fürst sich eines feindselig gesinnten Volkes gar nicht versichern kann, weil dessen zu viele sind: wohl aber deren, die nur wenige sind. Das Schlimmste, was derjenige zu fürchten hat, dem das Volk abgeneigt ist, besteht darin, von ihm verlassen zu werden: aber wem die Großen feind sind, der läuft Gefahr, daß sie ihn nicht allein verlassen, sondern selbst gegen ihn aufstehen: weil sie mehr Einsicht und mehr Schlauheit haben, zum Voraus auf ihre Sicherheit denken, und sich bei demjenigen beliebt zu machen suchen, von dem sie glauben, er werde den Sieg davontragen. Der Fürst ist außerdem genöthigt, beständig mit dem nämlichen Volke verbunden zu bleiben; er kann hingegen ohne die Großen fertig werden, weil er darunter nach Gefallen erheben und erniedrigen, Ansehn geben und nehmen mag. Um dieses noch in helleres Licht zu setzen, sage ich, daß es zwei Arten gibt, die Großen zu behandeln. Sie betragen sich nämlich also, daß sie sich entweder ganz an dich hängen oder nicht. Diejenigen, welche sich dir verpflichten und nicht habsüchtig sind, müssen in Ehren gehalten werden und verdienen große Zuneigung. Diejenigen hingegen, welche sich dir nicht verpflichten wollen, müssen wieder auf zwei verschiedene Arten betrachtet werden. Entweder sie thun dies aus Feigheit und natürlichem Mangel des Muthes. Solcher muß man sich bedienen: absonderlich wenn sie Verstand haben; denn so lange es gut geht, wird man von ihnen geehrt, und im Unglücke hat man sie nicht zu fürchten. Wenn sie sich aber aus ehrgeizigen Absichten nicht verpflichten wollen, beweisen sie damit, daß sie mehr an sich selbst, als an dich denken. Vor diesen muß sich der Fürst hüten, und sie als heimliche Feinde behandeln, denn sie sind wirklich immer bereit, im Unglücke zuzutreten und ihn mit zu stürzen. Wer durch das Volk Fürst wird, muß das Volk zum Freunde zu behalten suchen. Dies ist leicht, da es zufrieden ist, wenn es nur nicht gedrückt wird. Wer aber gegen den Willen des Volks durch den Beistand der Großen Fürst wird, muß vor allen Dingen suchen das Volk zu gewinnen, was ja sehr leicht ist, wenn er es nur in Schutz nimmt. Und da die Menschen einem Wohlthäter, von dem sie Uebles erwarteten, desto dankbarer werden, so wird das Volk ihm noch mehr unterthan, als wenn es ihn selbst erhoben hätte. Die Mittel und Wege, wodurch der Fürst das Volk gewinnen kann, sind mannichfaltig, und richten sich ganz nach den Umständen, weshalb ich sie ganz übergehe. Ich ziehe indessen den allgemeinen Schluß, daß man suchen müsse, das Volk auf seine Seite zu ziehen, weil sonst im Unglück kein Rettungsmittel ist. Nabis, der Fürst der Spartaner, hielt eine Belagerung von allen Griechen aus und von einem siegreichen römischen Heere; er vertheidigte sich und seinen Staat dagegen, und dazu war es hinreichend, sich einiger weniger Personen zu versichern. Wäre das Volk ihm feind gewesen, so hätte jenes nicht hingereicht. Man setze mir auch nicht das bekannte Sprichwort entgegen, daß, wer sich auf das Volk verläßt, auf den Sand bauet. Denn dieses ist nur alsdann wahr, wenn ein Bürger etwa die Hilfe des Volks gegen die angebliche Unterdrückung seiner Feinde oder der Obrigkeit anruft. In diesem Falle kann er sich gar leicht mit falscher Hoffnung täuschen, so wie es dem Gracchus zu Rom und zu Florenz dem Georg Scali[15] ging. Ein Fürst aber, der zu befehlen versteht und Herz hat, darf nur im Unglücke nicht weichen, sondern fahre fort Veranstaltungen zu treffen, halte dreist auf seine Anordnungen, und suche das Volk zu beleben. Er wird sich in seiner Erwartung von ihm nicht betrogen finden. Solche Herrschaften gerathen in Gefahr, wenn sie aus einer eingeschränkten Verfassung zur freien Alleinherrschaft aufzusteigen suchen. Denn diese Fürsten führen ihre Sache selbst oder durch Magistratspersonen. Im letztern Falle ist ihre Macht unsicher und schwach, weil sie von denen, welche die obrigkeitlichen Stellen verwalten, gar sehr abhängen. Diese können, absonderlich im Unglücke, leicht das Oberhaupt umwerfen, indem sie sich ihm widersetzen, oder auch nur den Gehorsam verweigern: der Fürst aber darf in den gefährlichen Augenblicken nicht daran denken, die unbeschränkte Herrschaft an sich zu reißen, weil die Bürger und Unterthanen, welche gewohnt sind, den obrigkeitlichen Personen zu gehorchen, ihm keine Folge leisten, und es ihm schwer wird, Personen zu finden, denen er trauen kann. Diese Fürsten können sich gar nicht auf das verlassen, was sie in ruhigen Zeiten sehen, da die Bürger der öffentlichen Ordnung bedürfen. Alsdann läuft Jeder, verspricht Alles und will für ihn das Leben lassen, so lange der Tod entfernt ist. In unglücklichen Zeiten aber, wo der Staat Bürger nöthig hat, finden sich wenige. Ein solches Experiment ist desto gefährlicher, da man es nur ein einziges Mal machen kann. Ein kluger Fürst muß daher auf Mittel denken, zu bewirken, daß seine Unterthanen seine Herrschaft beständig und zu allen Zeiten und unter allen Umständen bedürfen – dann werden sie ihm treu bleiben.

---

[15] Ein großer Liebling des florentinischen Pöbels, den im Jahre 1381 die Obrigkeit wegen einer Gewaltthätigkeit, die er beging, um ihr einen verhafteten unruhigen Kopf zu entreißen (eine Unternehmung, an der der Pöbel Wohlgefallen zu finden pflegt), hinrichten ließ, ohne daß der Aufstand, auf den er hoffte, erfolgt wäre. Ja, es fand im Gegentheil auch diese Hinrichtung Beifall.

10. Wie die Kräfte der Fürstentümer zu schätzen sind.

Bei der Betrachtung der Beschaffenheiten aller dieser Herrschaften kommt es noch darauf an, ob ein Fürst so viel vermag, daß er sich selbst im Falle der Noth vertheidigen kann, oder ob er dazu fremder Hilfe bedarf. Um dieses deutlicher zu machen, sage ich, daß diejenigen ihre Herrschaften selbst zu behaupten vermögen, welche Menschen oder Geld genug besitzen, um eine zureichende Armee aufzustellen, und demjenigen, der sie angreift, eine Schlacht zu liefern. Dahingegen bedürfen diejenigen allezeit fremder Hilfe, welche nicht gegen den Feind in das Feld rücken können, sondern genöthigt sind, sich hinter ihre Mauern zurück zu ziehen, um nur diese zu vertheidigen. Vom ersten dieser Fälle ist bereits oben geredet, und wird in der Folge noch Mehreres vorkommen. Im zweiten Falle kann man dem Fürsten nichts Anderes rathen, als seine Stadt zu befestigen, und das Land preiszugeben. Wer seine Stadt wohl befestigt und sich gegen Nachbarn und eigne Unterthanen so betragen hat, wie hier oben angerathen ist, und ich seiner anrathen werde, der wird auch nicht leichtsinnig angegriffen werden, weil Niemand gern Dinge unternimmt, die Schwierigleiten haben; und es so leicht nicht ist, den anzugreifen, der wohl befestigt ist, und seine eignen Unterthanen zu Freunden hat. Die deutschen Städte haben große Freiheiten, wenig Territorium, gehorchen dem Kaiser so viel sie Lust haben, und fürchten weder dieses noch irgend eines andern Benachbarten Macht, weil sie auf solche Art befestigt sind, daß jeder wohl fühlen muß, wie schwierig und langweilig es ist, sie zu erobern: sie haben nämlich Wall und Graben, Geschütz in zureichender Menge, Lebensmittel und Holz zur Feuerung, auf ein Jahr in Vorrath. Außerdem haben sie die Veranstaltung, das Volk, ohne Nachtheil des Gemeinwesens, auf ein Jahr in dem Gewerbe, wovon die kleinen Bürger leben, beschäftigen zu können, um ihm seinen Unterhalt zu verschaffen. Auch halten sie die Kriegs-Uebungen in Ehren, und haben dazu mancherlei Anordnungen. Der Fürst, der eine Festung besitzt, und bei seinem Volke nicht verhaßt ist, kann nicht angegriffen werden: und würde er es, so müßte der Feind mit Schanden abziehen; denn die Zufälle sind in dieser Welt so mannichfaltig, daß es beinahe unmöglich ist, ein ganzes Jahr das Feld zu halten, um ihn zu belagern. Und wenn man etwa antwortete, daß das Volk, welches seine Besitzungen draußen hat und selbige verheeren sieht, es überdrüssig werden und seinen Fürsten verläugnen wird, so antworte ich, daß ein mächtiger und entschlossener

Fürst diese Schwierigkeiten stets überwinden wird; indem er bei seinen Unterthanen bald die Hoffnung erregt, es werde nicht lange mehr währen, bald Furcht vor der Grausamkeit des Feindes einflößt, endlich auch sich auf eine geschickte Art derer versichert, welche ihm zu dreist scheinen. Außerdem ist der Feind genöthigt, damit anzufangen, das Land mit Feuer und Schwert zu verheeren, währrend die Bürger noch guten Muth und Lust zur Verteidigung haben. Der Fürst darf daher um so weniger Anstand nehmen: denn wenn die Gemüther sich abkühlen, so ist der Schade schon geschehen; es ist vergeblich, darüber zu klagen und die Menschen werden sich desto enger mit dem Fürsten vereinigen, für den sie ihre Habe und Gut preisgegeben haben, wofür er ihnen Dank schuldig ist. Der menschlichen Natur ist es gemäß, sich durch das Gute, was man Andern erzeigt, eben sowol zu verbinden, als durch das, was man empfängt. Wenn man dieses Alles erwägt, so wird man finden, daß es einem Fürsten nicht schwer ist, die Gemüther seiner Unterthanen bei einer Belagerung festzuhalten, wenn er nur Lebens- und Vertheidigungsmittel genug hat.

II.   Von geistlichen Fürstenthümern.

Es bleibt nur noch übrig, von geistlichen Herrschaften zu reden, bei welchen alle Schwierigkeiten nur vorhanden sind, bis man zum Besitze gelangt ist: denn sie werden durch ausgezeichnete Kraft oder durch Glück erworben; aber erhalten, ohne das eine und ohne das andre; denn sie beruhen auf den alten heiligen Einrichtungen der Religion, welche mächtig genug sind, ihre Häupter in ihren Stellen zu erhalten, sie mögen sich aufführen wie sie wollen. Diese allein haben eine hohe Stelle, und brauchen sie nicht zu vertheidigen; sie haben Unterthanen und regieren sie nicht; ihre Staaten werden nicht vertheidigt und ihnen doch nicht genommen. Ihre Unterthanen bekümmern sich nicht darum, daß sie nicht regiert werden, und denken nicht daran, sich ihnen zu entziehen, können es auch nicht. Diese Fürsten also sind allein sicher und glücklich. Aber da dieses von hohem Ursachen abhängt, an die der menschliche Verstand nicht reicht, so will ich nicht davon reden. Gott schützt sie: es wäre vorwitzig und dreist, wenn der Mensch darüber urtheilen wollte. Wenn mich aber Jemand befragte, wie es zugegangen, daß die Kirche zu solchem weltlichen Staate gelangt, und daß, nachdem bis auf Alexander den Sechsten jeder, ich sage nicht mächtige italienische Fürst, sondern jeder Baron und Freiherr, sich im Weltlichen nichts daraus machte; gegenwärtig der König von Frankreich davor zittert, und von ihr aus Italien vertrieben ist; Venedig daneben zu Grunde gerichtet: so will ich darüber folgendes obwol schon genugsam Bekannte, in das Gedächtniß zurückrufen. Bevor Karl der Achte nach Italien kam, war dieses Land unter den Papst, Venedig, den König von Napoli, den Herzog von Mailand und die Florentiner vertheilt. Diese Mächte hatten ihr Augenmerk auf zwei Dinge zu richten: erstens darauf, daß keine fremde Macht mit den Waffen eindringe; zweitens, daß keine unter ihnen selbst die Oberhand gewönne. Diejenigen, welchen dieses am meisten anlag, waren der Papst und Venedig. Um den letztern Staat klein zu halten, mußten sich alle übrigen vereinigen, so wie sie es auch wirklich thaten, um Ferrara zu vertheidigen. Den Papst zurückzuhalten, bediente man sich der römischen Barone, welche in zwei Factionen getheilt waren, die Orsini und die Colonna. Unaufhörliche Uneinigkeiten unter diesen veranlaßten sie stets, unter den Augen des Papstes in den Waffen zu sein, und dieses hielt den heiligen Stuhl klein und schwach. Und wenn gleich dann und wann ein Mann von Geist den päpstlichen Stuhl bestieg, so wie Sixtus (der Vierte), so konnte doch weder Glück noch Verstand von diesen Verhältnissen befreien. Die Kürze ihrer Regierung war eine Ursache. Denn in zehn Jahren (so lange dauerte eine päpstliche Regierung im Durchschnitte) konnte kaum eine der beiden Parteien herunter gebracht werden: und wenn zum Beispiel der Eine die Colonna und ihre Anhänger gedemüthigt hatte, so folgte Einer, der den Orsini feind war, und hob jene, die in der kurzen Zeit nicht ganz vertilgt sein konnten, wieder empor. Daher kam es, daß die weltliche Macht des Papstes in Italien so wenig geachtet ward. Es stand inzwischen Alexander der Sechste auf und bewies besser, als irgend ein Andrer jemals gethan hat, wie viel ein Papst mit Geld und mit seinen Kräften ausrichten kann. Er bewerkstelligte mittelst seines Sohnes, des Herzogs von Valentinois, und bei Gelegenheit des Einmarsches französischer Heere, alles das, was ich oben, als ich von bei Handlungsweise des Herzogs sprach, auseinandergesetzt habe. Seine Absicht ging nicht dahin, den heiligen Stuhl groß zu machen, sondern nur sich selbst. Durch die Wendung, die die Sache nahm, gewann aber der Stuhl, welcher nach seinem Tode die Früchte aller Arbeiten des Herzogs erbte. Auf ihn folgte Julius der Zweite, welcher den Stuhl schon groß und mächtig fand, da er die Romagna besaß, und daneben alle römischen Barone durch Alexanders Bemühungen zerschlagen waren. Daneben besaß er Mittel, Geld zusammen zu bringen, die man vor Alexander nicht gekannt hatte. Julius trat in dessen Fußtapfen, suchte Bologna zu erwerben, Venedig herunter zu bringen und die Franzosen aus Italien zu vertreiben. Dieses gelang ihm Alles zusammen, und gereicht ihm zu so viel größerer Ehre, da er es nicht zu eignem Privatvortheile, sondern zu Gunsten des Stuhles unternahm. Die Parteien Colonna und Orsini erhielt er in dem Zustande, worin er sie fand. Obwol einige Ursache zu Uneinigkeiten zwischen ihnen vorhanden war, mußten sie doch ruhig bleiben: erstens, weil ihnen die Größe des päpstlichen Stuhls imponirte, und zweitens, weil sie beide keine Cardinäle unter sich hatten, von denen immer alle Unruhen herrühren. So oft Cardinäle aus diesen Häusern sind, so können diese nicht ruhig sein, weil jene in und außer Rom die Parteiungen unterhalten, und die Barone genöthigt sind, sie zu vertheidigen. Aus dem Ehrgeize solcher Prälaten entstehen mithin die Zwistigkeiten und Aufruhr unter den Baronen. Es hat also Papst Leo den heiligen Stuhl schon groß und mächtig gefunden, und so wie seine obgedachten Vorfahren ihn durch die Waffen gehoben haben, so ist zu hoffen, daß er ihm durch seine großen persönlichen Eigenschaften und seine Milde Ansehen verschaffen werde.

12. Von den verschiedenen Arten der Truppen.

Nachdem ich die verschiedenen Beschaffenheiten der Herrschaften erwogen, von denen ich mir vornahm zu reden, und die Ursachen angezeigt, aus denen es ihnen wohl oder übel ergeht, nebst den Mitteln, womit man versucht hat, sie zu erwerben und zu erhalten, so bleibt mir noch übrig, im Allgemeinen die Arten des Angriffs und der Vertheidigung durchzugehen, welche dabei vorkommen können. Wir haben bereits erwähnt, daß eine Herrschaft auf guten Gründen beruhen müsse, wenn sie nicht zusammenstürzen soll. Die hauptsächlichste Stütze aller Staaten, der neuen wie der alten und der vermischten, sind gute Gesetze und tüchtige Kriegsmacht. Gute Gesetze können nicht bestehen ohne eine gute Kriegsmacht. Diese aber setzt gute Gesetze voraus. Ich lasse also die Gesetzgebung liegen und rede von der Bewaffnung; ich sage, daß die Kriegsmacht, womit ein Fürst seinen Staat vertheidigt, entweder aus eigner oder gemietheter Mannschaft oder aus Hilfstruppen besteht, oder aus diesen allen zusammen. Gemiethete Mannschaft und Hilfstruppen sind unnütz und gefährlich. Wer seine Herrschaft durch Miethlinge zu schützen denkt, steht nicht fest, und kann nie sicher sein, weil diese unter sich uneins, unbändig, ohne Disciplin, untreu, übermüthig gegen ihre Freunde, feig gegen die Feinde sind, Gott nicht fürchten und treulos gegen die Menschen handeln. Der Untergang ist also nur bis dahin verschoben, wo der Angriff erfolgt. Im Frieden wird man von ihnen selbst beraubt; im Kriege vom Feinde. Die Ursache hiervon ist, daß sie nicht aus Zuneigung und aus keiner andern Ursache im Felde erhalten werden, als um eines geringen Soldes willen, deswegen sie ihr Leben nicht preisgeben werden. So lange kein Krieg zu führen ist, wollen sie wol Soldaten sein: so wie aber der Feldzug eröffnet wird, laufen sie davon oder gehen nach Hause. Es sollte wol ohne viele Mühe einleuchten, daß dies sich also verhält; da Italien aus keiner andern Ursache zu Grunde gegangen ist, als weil man sich so viele Jahre lang auf Miethstruppen verlassen hat, welche dann und wann einige Vortheile übereinander erhielten und ganz tapfer schienen; sobald aber fremde Heere kamen, zeigte es sich, wie sie beschaffen waren. Daher konnte Karl der Achte Italien so geschwind überziehen. Wer behauptete, dies geschehe um unsrer Sünden willen, hatte ganz Recht: aber nicht um derjenigen willen, die darunter verstanden wurden, sondern wegen derer, die ich angegeben habe. Die Fürsten hatten die Fehler begangen und mußten dafür leiden. Ich will die unglücklichen Folgen solcher Vertheidigungsanstalten noch besser beweisen. Die gedungenen Feldherren sind entweder vorzügliche Kriegshelden oder nicht. Im ersten Falle kann man sich auf sie nicht verlassen, weil sie nach eigner Größe streben, und deshalb darauf denken, entweder denjenigen selbst, der sie gedungen hat, oder Andre gegen den Willen desselben zu unterdrücken. Ist der Feldhauptmann kein rechter Krieger, so geht derjenige gemeiniglich zu Grunde, der ihn gedungen hat. Will man hierauf antworten, daß es einerlei sei, ob derjenige, der die Kriegsmacht anführt, gedungen ist oder nicht, daß er in einem Falle handeln werde, wie im andern, so erwidre ich, daß ein jeder Fürst selbst ins Feld gehen und sein eigner General sein müsse; Republiken aber Einen ihrer Mitbürger an die Spitze des Heeres stellen müssen, denselben zurückrufen, wenn er sich nicht hinlänglich geschickt beweiset, und wenn er der Sache gewachsen ist, ihn im Zaume der Gesetze halten. Die Erfahrung beweiset es, daß Fürsten und Republiken durch eigne Truppen allein Fortschritte machen, und daß Söldnerheere nur Unglück anrichten. Eine Republik, welche sich mit eignen Waffen vertheidigt, wird nicht so leicht von einem ihrer Mitbürger unterjocht, als wenn sie ein gedungenes Heer hält. Rom und Sparta sind viele Jahrhunderte lang bewaffnet und frei gewesen. Die Schweizer sind höchst kriegerisch und frei. Von Miethstruppen aber gibt Karthago ein Beispiel, welches nach dem ersten Kriege mit den Römern von ihnen unterdrückt ward, obgleich die Carthaginienser eigne Bürger zu Generalen bestellt hatten. Philipp von Macedonien ward von den Thebanern nach dem Tode des Epaminondas zum Feldherrn erwählt und nahm ihnen dafür die Freiheit, sobald er einen Sieg erfochten hatte. Die Mailänder besoldeten nach dem Tode des Herzogs Filippo (Visconti) den Franz Sforza, um gegen die Venezianer Krieg zu führen. Sobald derselbe sie aber bei Caravaggio überwunden hatte, verband er sich mit ihnen gegen seine Dienstherren, die Mailänder. Sein Vater Sforza war im Dienste der Königin Johanna von Neapel, und ließ diese mit einem Male ganz ohne Vertheidigungsmittel, so daß sie sich dem Könige von Arragonien in die Arme werfen mußte, um ihr Reich nicht zu verlieren. Wenn Venedig und Florenz sich durch solche Waffen vergrößert haben, und die Anführer derselben sich nicht zu Herren haben aufwerfen können, so antworte ich auf diesen Einwurf, daß Florenz viel Glück gehabt hat, indem von den tapfern Generalen, die ihm furchtbar wurden, einige im Kriege nicht glücklich gewesen sind, andre Widerstand von andrer Seite her gefunden, endlich noch andre ihre ehrgeizigen Absichten auf andre Orte gerichtet haben; z. B. hat Giovanni Acuto[16] nicht gesiegt; daher nicht offenbar geworden, wie weit ihm zu trauen gewesen wäre, wenn er gesiegt hätte. Jeder aber muß eingestehen, daß er in diesem Falle mit Florenz machen konnte, was er wollte. Franz Sforza hatte beständig den Braccio und seine Leute sich gegenüber: einer hielt den andern zurück. Francesco richtete seine Absichten auf die Lombardei, Braccio auf den Kirchenstaat und Neapel. Wir wollen die neusten Zeiten betrachten. Die Florentiner haben den Paolo Vitelli zu ihrem Feldherrn erwählt: einen tapfern Mann, der im Privatstande den größten Ruhm erworben. Wenn derselbe Pisa erobert hätte, so ist gar nicht zu läugnen, daß er mit Florenz schalten konnte, wie er wollte; denn wenn er zu ihren Feinden überging, konnten sie nichts machen: und wenn er es mit ihnen ferner hielt, so mußten sie ihm gehorchen. Betrachtet man die Fortschritte der Venezianer, so wird man finden, daß diese sicher und glücklich waren, so lange sie sich dazu ihrer eignen Kräfte bedienten: das ist, bis sie ihre Unternehmungen auf dem festen Lande anfingen; denn bis dahin hatten sie tapfer mittelst ihres eignen Adels und Volkes Krieg geführt. So wie sie aber anfingen auf dem

---

[16] Ein Krieger von englischer Abkunft, der am Ende des vierzehnten Jahrhunderts das Handwerk trieb, wodurch so viele in der Folge als Condottieri berühmt wurden.

festen Lande Krieg zu führen, machten sie es wie die übrigen Italiener. Im Anfange ihrer Eroberungen brauchten sie ihre Generale nicht sonderlich zu fürchten, weil ihr Staat noch nicht sehr groß war, und sie dafür desto größeres Ansehen genossen. Als sie aber ansehnliche Fortschritte zu machen anfingen, welches unter dem Carmignuola geschah, merkten sie, daß sie auf falschem Wege waren. Sie sahen, wie gefährlich seine Tapferkeit ihnen zu werden drohte, und sobald sie unter seiner Anführung den Herzog von Mailand geschlagen hatten und sahen, daß er nunmehr erkaltete, sie also keine weiteren Vortheile durch ihn zu hoffen hätten, ihn aber nicht entlassen konnten noch wollten, um das Erlangte nicht zu verlieren, so sahen sie sich genöthigt, ihn zu ihrer eignen Sicherheit ums Leben bringen zu lassen. Sie haben hierauf den Bartolomeo von Bergamo, Ruberto von San Severino, den Grafen von Pitigliano und andre Generale gedungen, bei denen sie nur zu fürchten hatten, daß sie geschlagen würden, aber nichts von ihren Fortschritten besorgen durften: so wie es denn auch zu Baila ging, wo sie in einer Schlacht Alles verloren, was sie in achthundert Jahren mit so vieler Mühe errungen hatten. Denn solches Kriegssystem bringt langsame und geringe Fortschritte, und plötzlichen erstaunlichen Verlust mit sich. Da ich auf diese italienischen Beispiele gekommen bin, in welchem Lande Alles seit vielen Jahren mittelst gedungener Krieger ausgerichtet wird, so will ich darin noch etwas höher hinauf gehen, um den Ursprung und die Fortschritte des Uebels zu zeigen, damit man ihm desto besser begegnen möge. Da in den neuern Zeiten das kaiserliche Ansehn in Italien fiel, und das weltliche Ansehn des Papstes dagegen zunahm, war dieses Land in verschiedene Staaten zertheilt. Mehrere der großen Städte ergriffen die Waffen gegen die Herren, welche sie unter Begünstigung des Kaisers in der Unterdrückung hielten; der päpstliche Stuhl aber unterstützte jene, um sich weltliches Ansehn zu verschaffen. In manchen andern erhoben sich Bürger zur fürstlichen Würde. Italien gerieth mithin gewissermaßen in die Hände des heiligen Stuhls und einiger Republiken: Beide aber, Priester und Bürger, waren nicht an die Waffen gewöhnt, und fingen an Truppen zu miethen. Der Erste, der eine solche Miliz zu Ehren brachte, war Alberigo da Como Romagnuolo. Aus seiner Schule gingen unter Andern Braccio und Sforza hervor, die zu ihrer Zeit über Italien walteten. Auf sie folgten alle Andern, die bis zu unsern Zeiten die italienischen Heere befehligt haben. Das Ende ihrer Heldenthaten aber ist gewesen, daß Italien von Karl dem Achten überrannt, von Ludwig dem Zwölften ausgeplündert, von Ferdinand von Arragonien bezwungen und von den Schweizern geschändet worden. Jene Anführer von Miethstruppen fingen damit an, das Fußvolk um seine Ehre zu bringen, um selbst zu größerem Ansehn zu gelangen. Dieses thaten sie, weil sie selbst ohne Länder und auf persönliche Mittel beschränkt, mittelst weniger Fußvölker kein großes Ansehn erhalten, zahlreiche aber nicht ernähren konnten. Sie beschränkten sich also auf Reiterei, wo sie denn mittelst einer geringern Zahl Unterhalt und Ehre zu gewinnen vermochten. Die Sache war dahin gekommen, daß in einem Heere von 20,000 Mann kaum 2000 Mann zu Fuß waren. Außerdem wandten sie Alles an, um sich und ihren Leuten Mühseligkeiten und Gefahr zu ersparen, indem sie in den Schlachten einander nicht tödteten, sondern ohne Verwundung gefangen nahmen. Sie machten des Nachts keine Angriffe auf die Festungen, keine Ausfälle aus denselben, sie befestigten ihre Lager nicht und hielten das Feld nicht im Winter. Alles das war ihrer Kriegsordnung gemäß, und wie ich schon gesagt habe, ausgedacht, um Mühseligkeit und Gefahr abzuwenden. Italien ist darüber aber völlig in Sklaverei und Schande gerathen.

13. Von Hilfstruppen.

Die zweite Art unnützer Kriegsmacht sind die Hilfstruppen: nämlich, wenn ein Mächtigerer angerufen wird, dich mit seinen Waffen zu unterstützen und zu vertheidigen, so wie neuerlich Papst Julius, nach der traurigen Erfahrung mit gedungener Mannschaft, die er bei Ferrara gemacht hatte, den König Ferdinand von Arragonien anrief, daß er ihm mit seiner Armee zu Hilfe kommen möchte. Ein solches Heer kann wol für denjenigen, dem es angehört, etwas Nützliches ausrichten; aber dem, der es herbeiruft, ist es allemal nachtheilig: denn wird es geschlagen, so bist du überwunden; und siegt es, so bist du selbst ihr Gefangener. Die alte Geschichte ist auch von solchen Beispielen voll: ich will aber bei dem vom Papst Julius stehen bleiben, welches noch ganz neu ist. Dieser hätte keinen schlechtern Entschluß fassen können, als sich einem Fremden in die Arme zu, werfen, um Ferrara zu erlangen. Zu, seinem Glücke kam ein Drittes dazwischen, so daß ihn die Folgen dieses Fehlers nicht trafen. Da nämlich seine Verbündeten bei Ravenna geschlagen wurden, und die Schweizer aufstanden, welche gegen alle Erwartung die Sieger vertrieben, so fiel er weder in die Hände seiner Feinde, die eben geschlagen waren, noch seiner Freunde, weil Andere als sie den Sieg davongetragen hatten. Die Florentiner hatten selbst gar keine Armee, und führten zehntausend Franzosen vor Pisa, um es zu erobern: woraus für sie selbst größere Gefahr entstand, als worin sie sich jemals befunden hatten. Der Kaiser von Konstantinopel sandte zehntausend Türken nach Griechenland, um es gegen seine Nachbarn zu schützen. Nach beendigtem Kriege weigerten sie sich aber, es zu verlassen, und dies war der Anfang der Unterjochung von Griechenland durch die Ungläubigen. Wer sich selbst in die Lage setzen will, auf keine Weise den Sieg davontragen zu können, der bediene sich solcher Hilfstruppen. Mit ihnen ist der Untergang zum Voraus ganz zubereitet, denn sie sind unter einander einig, und im Gehorsame eines Andern. Gedungene Mannschaft hat doch, wenn sie schon gesiegt hat, noch etwas Zeit nöthig, und es müssen besondere Gelegenheiten entstehen: weil sie nicht ein eignes Corps ausmacht, von dir zusammengebracht und bezahlt ist, ein Dritter aber, den du ihnen zum Oberhaupte gibst, nicht augenblicklich so viel Ansehn erhält, dir schaden zu können. Kurz, das Gefährlichste ist bei Miethstruppen ihre Feigheit; bei Hilfstruppen ihre Tapferkeit. Jeder nur etwas kluge Fürst hat immer vermieden, sich solcher Mannschaft zu bedienen, und hat lieber mit eigner überwunden werden, als mit fremder siegen wollen; da er den Sieg, den er durch fremde errungen, nicht für wahren Gewinn halten konnte. Ich trage kein Bedenken, den Cäsar Borgia und seine Handlungen zum Beispiele anzuführen. Dieser Heerführer fiel mit französischen Soldaten in Romagna ein und eroberte mit ihnen Imola und Furli. Weil er diese Armee aber nicht sicher achtete, so wandte er sich zu Miethstruppen, die er für weniger gefährlich hielt, und nahm die Orsini und Vitelli in Sold. Da er auch diese bei der weitern Verhandlung unsicher, untreu und gefährlich fand, so löste er sie ebenfalls auf und wandte sich zu eignen Leuten. Den Unterschied zwischen beiden Arten der Kriegsmacht kann man leicht einsehen, wenn man nur mit einander vergleicht, wie der Herzog angesehen ward, so lange er die Orsini und Vitelli hatte, und wie viel er gewann, sobald er mit eigner Mannschaft dastand. Zu großer Achtung gelangte er erst, als Jedermann sah, daß er völlig Herr über sein ganzes Heer war. Ich verlasse die neue italienische Geschichte ungern: doch kann ich nicht umhin, den Hiero von Syracus zu nennen, dessen ich schon oben gedacht habe. Die Syracusaner hatten ihn, wie ich bereits erwähnt, zu ihrem Heerführer erwählt. Er sah sogleich ein, daß ihm die Miethstruppen nichts nützen konnten, weil sie gleich wie unsre italienischen von eignen Anführern gedungen waren; da er sie nun weder behalten noch gehen lassen durfte, so ließ er sie insgesammt in Stücke hauen und führte daraus den Krieg blos mit eigner Mannschaft, ohne fremde Hilfe. Noch will ich an eine Begebenheit aus dem alten Testamente erinnern, die hier recht passend ist. Da sich David dem Saul anbot, den Philister Goliath auf seine Ausforderung zu bekämpfen, so gab ihm Saul seine Waffen, um ihm Muth zu machen. So wie David sie aber angethan hatte, so weigerte er sich und sagte, damit könne er sich auf sich selbst nicht verlassen, er wolle mit seinen eigenen Waffen kämpfen, und griff zu Schleuder und Messer. Kurz, fremde Waffen fallen ab, oder erdrücken durch ihre Last, oder erdrosseln dich selbst. Karl der Siebente, Vater Ludwig des Elften, erkannte, nachdem er Frankreich von den Engländern befreit hatte, die Notwendigkeit eigner Waffen, und errichtete in seinem Lande die Gensd'armes und das Fußvolk. Sein Sohn Ludwig fing darauf an, das Fußvolk zu entlassen und statt dessen Schweizer zu besolden. Dieser Fehler nebst einigen andern, die bald nachfolgten, ward Ursache der großen Gefahr, in welche sein Reich gerieth. Denn er verschaffte dadurch den Schweizern großen Ruf, und machte seine eigne Macht verächtlich, da er das Fußvolk auflöste und die Gensd'armes daran gewöhnte, gemeinschaftlich mit Schweizern zu fechten, so daß sie ohne diese nichts mehr auszurichten vermochten. Daher kommt es, daß Franzosen gegen Schweizer nichts vermögen, und ohne Schweizer gegen Andre ebenfalls nichts ausrichten können. Die französischen Heere sind also vermischt, halb gedungene, halb eigne Mannschaft. Das Alles zusammen ist viel besser, als blos gedungene, oder bloße Hilfstruppen: aber doch viel schlechter, als blos eigne. Das angeführte Beispiel ist hinreichend, denn das französische Reich würde unüberwindlich sein, wenn Karls Ordnung aufrecht erhalten und weiter ausgedehnt wäre: aber so machen es die Menschen. Sie fangen ohne viele Ueberlegung eine Sache an, die einigen guten Anschein hat, und achten nicht auf das verborgene Gift, so wie ich oben von der Schwindsucht gesagt habe. Der Fürst, der das Uebel erst alsdann erkennt, wenn es schon da ist, kann nicht für weise gehalten werden, was ja Wenigen gegeben ist. Wenn man dem Untergange des römischen Reiches nachspürt, so findet man den Anfang in der Maßregel, die Gothen zu besolden; denn damit ließ die Stärke des römischen Reiches nach, und alle Kräfte, die dieses verlor, gingen auf jene über. Ich schließe also, daß keine Herrschaft fest steht ohne eigne Waffen; denn wer keine Kraft hat, die ihn bei widrigen Schicksalen schützt, hängt blos vom Glücke ab. Es ist immer die Meinung weiser Männer gewesen, daß nichts so schwach und unbeständig sei, als der Ruf großer Macht, der nicht auf eignen Kräften beruht. Eigne Waffen aber sind solche, die von Unterthanen oder Bürgern geführt werden, auch selbstgeschaffene Heere. Alles Andere sind gedungene oder Hilfstruppen. Die beste Art, eigne Mannschaft anzuordnen, ist leicht auszufinden, wenn die oben von mir angegebenen Anordnungen erwogen werden, und wenn man erwägt, wie Philipp, Alexanders des Großen Vater, und viele andere Fürsten und Republiken es gemacht haben.

14. Was der Fürst im Kriegswesen zu beobachten hat.

Ein Fürst soll also nichts Anderes zu seinem Augenmerk nehmen, auf nichts Anderes denken, und zu seiner eignen Beschäftigung erwählen, als das Kriegswesen und die Einrichtung desselben; denn dies ist die einzige eigne Sache dessen, der befehlen will, und vermag so viel, daß sie nicht allein geborne Fürsten erhält, sondern auch manche Privatpersonen zur Herrschaft erhebt. Und im Gegentheil haben manche Fürsten die Herrschaft verloren, sobald sie die Wollüste dem Kriegshandwerke vorzogen. Die erste Ursache, die Herrschaft zu verlieren, ist es, wenn man den Krieg verachtet: das Mittel, sie zu erwerben, ist die Erfahrenheit in der Kriegskunst. Francesco Sforza ward durch seine Geschicklichkeit in derselben Herzog von Mailand; seine Söhne fielen durch ihre Abneigung gegen die Mühseligkeiten des Kriegs von der herzoglichen Würde wieder zurück in den Privatstand. Unter andern Uebeln, die die Abneigung gegen den Krieg mit sich führt, ist dies, daß sie Verachtung erregt: und dieses ist etwas, wofür sich der Fürst am allermeisten hüten muß, wie weiter unten mit Mehrerem gezeigt werden wird. Denn zwischen einem Bewaffneten und einem Unbewaffneten ist gar kein Verhältniß. Es ist unvernünftig zu erwarten, daß der Bewaffnete dem Unbewaffneten gehorchen werde, und daß der Unbewaffnete unter seinen bewaffneten Dienern sicher sein solle. Auf einer Seite Verachtung, auf der andern Argwohn: das kann zusammen unmöglich gut gehen. Ein Fürst, der den Krieg nicht versteht, ist außer andern Uebeln, wie gesagt, auch noch diesem unterworfen, daß er auf die Achtung seiner Leute keinen Anspruch machen und ihnen nicht trauen kann. Er darf daher dieses Kriegshandwerk niemals vernachlässigen, und muß es im Frieden noch mehr üben, als im Kriege selbst; welches auf zweierlei Art geschehen kann: durch Thätigkeit und durch Nachdenken. Was das Erste betrifft, so muß er seine Mannschaft immer in guter Ordnung und in Uebung halten; selbst aber seinen Körper durch die Jagd abhärten, welche ihm außerdem Gelegenheit gibt, die verschiedene Beschaffenheit der Gegenden zu beobachten: zu lernen, wie die Berge sich erheben und die Ebenen laufen, wie Flüsse und Seen beschaffen sind, und dies Alles auf das Genaueste zu bemerken. Diese Kenntniß hat zweierlei Nutzen. Erstens lernt er sein eignes Land besser kennen, und die Mittel es zu vertheidigen. Zweitens erlangt er durch diese praktische Kenntniß die Fertigkeit, unbekannte Gegenden zu erforschen, an denen ihm gelegen ist; denn die Hügel, Berge, Thäler, Flüsse und Seen, z. B. in Toscana, haben einige Aehnlichkeiten mit denen in andern Ländern, so daß man durch die Bekanntschaft mit jenen auch diese leichter kennen lernt. Der Fürst, dem diese Geschicklichkeit fehlt, ermangelt eines Haupterfordernisses des Feldherrn; denn hierdurch lernt man den Feind aufsuchen, Lager auswählen, Armeen führen, Schlachten anordnen und mit Vortheil Belagerungen anfangen. Unter andern Lobsprüchen, welche die Schriftsteller dem achäischen Feldherrn Philopömen ertheilen, ist auch dieser begriffen, daß er im Frieden immer an den Krieg dachte, und wenn er sich mit seinen Freunden im freien Felde befand, oft mit ihnen Betrachtungen darüber anstellte, wer im Vortheile sein würde, wenn der Feind auf jenem Hügel stände, und wir hier mit unserm Heere wären? Wie er alsdann mit Beibehaltung der Schlachtordnung sicher anzugreifen sei? Was müßte geschehen, wenn wir uns zurückziehen wollten? Was hätten wir zu thun, um ihn zu verfolgen, wenn er sich zurückzöge? Auf Spaziergängen legte er ihnen alle Fälle vor, die bei einem Heereszuge vorkommen können, hörte ihre Meinung, sagte ihnen die seinige und unterstützte diese mit Gründen: so daß nach so vielen Betrachtungen fast kein Zufall im Felde sich ereignen konnte, der nicht zum Voraus erwogen wäre. Was die Bildung des Geistes anlangt, so muß der Fürst die Geschichte lesen und die Handlungen ausgezeichneter Männer betrachten; erwägen, wie sie sich im Kriege benommen haben, die Ursachen ihrer Siege und Niederlagen erforschen, um diese zu vermeiden, jene nachzuahmen; und vor allen Dingen es so zu machen suchen, wie irgend ein großer Mann, den er sich zum Muster vorgestellt hat, vor ihm gehandelt; so wie man sagt, daß Alexander der Große den Achilles, Cäsar den Alexander, Scipio den Cyrus zum Vorbilde gewählt habe. Wer Xenophons Leben des Cyrus gelesen hat, wird im Leben des Scipio erkennen, wie viel Ruhm diesem die Nachahmung gebracht, und wie sehr Scipio sich bemüht hat, in der Enthaltsamkeit, Leutseligkeit, Menschlichkeit und Freigebigkeit das zu erreichen, was Xenophon vom Cyrus meldet. Auf solche Art muß ein weiser Fürst die Muße benutzen; nicht aber im Frieden müßig gehen, sondern sich durch Anstrengung einen Schatz sammeln, den er im Unglücke gebrauchen könne, damit das Glück wenn es sich wendet, ihn vorbereitet finde, seinen Schlagen zu widerstehen.

15. Wodurch die Fürsten Lob und Tadel erwerben.

Es erübrigt noch die Untersuchung, wie der Fürst sich gegen seine Untergebenen und gegen seine Freunde benehmen müsse. Und da dieses schon von Manchen abgehandelt worden, so besorge ich, es werde mir zum Uebermuthe angerechnet werden, daß ich ebenfalls von der Sache rede, insbesondere da ich von meinen Vorgängern abweiche. Da aber meine Absicht darauf gerichtet ist, etwas für den, der es versteht, Nützliches zu schreiben, so scheint es mir schicklicher, die Wahrheit so darzustellen, wie sich dieselbe in der Wirklichkeit findet, als den Einbildungen jener zu folgen: (denn manche Schriftsteller haben Republiken und Fürstenthümer erdacht, dergleichen niemals gesehen worden, oder in der Wahrheit gegründet gewesen sind) weil ein so großer Unterschied vorhanden ist unter dem, was da geschieht, und dem, was geschehen sollte; daß derjenige, der das Erste vernachlässigt und sich nur nach dem Letzten richtet, seinen Untergang eher als seine Erhaltung bereitet. Jemand, der es darauf anlegt, in allen Dingen moralisch gut zu handeln, muß unter einem Haufen, der sich daran nicht kehrt, zu Grunde gehen. Daher muß ein Fürst, der sich behaupten will, sich auch darauf verstehen, nach Gelegenheit schlecht zu handeln, und dies thun oder lassen, so wie es die Notwendigkeit erfordert. Mit Hintansetzung alles dessen, was über erdichtete Fürsten vorgebracht worden, und um bei der Wahrheit zu bleiben, sage ich, daß allen Menschen, von denen geredet wird, und vorzüglich den Fürsten, die so viel höher stehen als andre, gewisse Eigenschaften beigelegt werden, die mit Lob oder Tadel verbunden sind. Einer gilt für freigebig, der andere für filzig[17], einer liebt zu geben, der andre zu rauben; einer ist grausam, der andre mitleidig; einer treulos, der andre zuverlässig; einer weibisch und

---

[17] Die italienischen Worts *misero* und *avaro* sind von den deutschen, durch welche sie übersetzt werden können, in der feinern Bestimmung des Sinnes etwas verschieden. Uebrigens ist *filzig* von *geizig* zu unterscheiden: *geizig* ist, wer noch daneben zu erwerben trachtet; *filzig*, wer sich enthält zu benutzen, was er besitzt.

feig, der andre muthig und wild; einer menschenfreundlich, der andre übermüthig; einer wollüstig, der andre keusch und züchtig; einer aufrichtig, der andre listig; einer hartherzig, der andre nachgibig; einer ernsthaft, der andre leichtsinnig; einer religiös, der andre ungläubig und so weiter. Ich weiß wohl, daß Jedermann eingestehen wird, es sei wünschenswerth, die Fürsten möchten von allen obbenannten Eigenschaften die lobenswerthen besitzen: da aber die Beschaffenheit der menschlichen Natur nicht verstattet, dies zu erwarten, und alle jene Vorschriften zu befolgen, so ist es notwendig, klug genug zu sein, um den übeln Ruf solcher Laster zu vermeiden, über welche die Herrschaft verloren gehen könnte; vor den Fehlern aber, welche solche Folgen nicht haben, muß man sich zwar hüten, wenn es möglich ist; allenfalls aber kann man sich sogar ohne viele Vorsicht darin gehen lassen. Endlich muß man sich nicht so ängstlich vor dem bösen Rufe solcher Untugenden hüten, ohne welche man schwerlich die Herrschaft behauptet; denn wenn man die Sachen genau betrachtet, so gibt es anscheinende Tugenden, bei denen man zu Grunde geht; und anscheinende Fehler, auf denen die Sicherheit und Fortdauer des Wohlbefindens beruht.

16.   Von der Freigebigkeit und dem Geize.

Ich fange mit der ersten unter den obgedachten Eigenschaften an, und behaupte, daß es gut ist, für freigebig zu gelten. Hingegen wird die Freigebigkeit, die du so ausübst, daß du nicht dafür giltst, schädlich sein. Denn wird sie nur recht tüchtig ausgeübt, und wie es recht ist, aber nicht recht bekannt, so vermeidet man damit nicht einmal den üblen Ruf des Gegentheils. Um den Namen eines Freigebigen unter den Menschen zu behaupten, muß man alle Art von Aufwand machen. Damit verzehrt ein Fürst Alles, was er hat, und wird zuletzt genöthigt, um den Namen des Freigebigen aufrecht zu halten, seine Unterthanen mit Auflagen zu beschweren, und alle Wege einzuschlagen, um Geld zu bekommen. Das macht ihn bei seinen Unterthanen verhaßt, und sobald er in Geldnoth geräth, wird er verächtlich. Seine Freigebigkeit hat Wenige bereichert, seine Verschwendung aber drückt Viele, und er kommt darüber bei der ersten Verlegenheit in Gefahr. Sieht er dies ein und will zurückziehen, so kommt er in den bösen Ruf der Filzigkeit. Da der Fürst also nicht auf solche Art freigebig sein darf, daß es in die Augen falle und bekannt werde, so muß er den Ruf des Geizes nicht fürchten. Mit der Zeit wird er schon wieder für freigebig gelten, wenn man sieht, daß bei seiner Sparsamkeit die gewöhnlichen Einkünfte zureichen; daß er die Kosten eines Krieges, womit er etwa überzogen wird, bestreiten kann, ohne die Unterthanen zu beschweren, so daß er am Ende freigebig gegen den großen Haufen ist, dem er das Seinige läßt, und geizig nur gegen die Wenigen, die nichts von ihm erhalten. Wir haben zu unsern Zeiten gesehen, daß nur diejenigen große Dinge ausrichteten, die für geizig galten; die Andern aber zu Grunde gingen. Papst Julius der Zweite hatte den Namen der Freigebigkeit durch das Betragen erworben, wodurch er sich auf den päpstlichen Stuhl schwang: nachdem er ihn bestiegen hatte, dachte er nicht mehr daran, um sich vielmehr nur zum Kriege gegen Frankreich vorzubereiten. Er hat auch wirklich so viele Kriege geführt, ohne außerordentliche Auflagen zu machen. Seine lange Sparsamkeit schaffte Rath zu allen ungewöhnlichen Ausgaben. Wenn der jetzige König von Spanien (Ferdinand der Katholische) für freigebig hätte gelten wollen, so hätte er nicht so viele Unternehmungen ausführen können. Ein Fürst, der solche Wirthschaft führt, daß er nicht nöthig hat seine Unterthanen auszuplündern, um sich zu vertheidigen, daß er nicht zu besorgen hat, arm und verachtet zu werden, daß er nicht in Gefahr geräth, aus Noth habsüchtig zu werden, darf nicht fürchten für geizig zu gelten: denn das ist eine Untugend, auf der die Sicherheit seiner Herrschaft beruht. Und wenn Jemand sagen sollte, daß Cäsar durch seine Freigebigkeit zur Herrschaft gelangt sei, und daß viele Andre durch diesen Ruf sich sehr hoch geschwungen haben, so antworte ich Folgendes: entweder du bist schon gemachter Fürst, oder auf dem Wege es zu werden. Im ersten Falle ist die Freigebigkeit nachtheilig, im zweiten ist es zwar nöthig, für freigebig zu gelten, und von der Art war Cäsar, der die Herrschaft von Rom zu erlangen strebte: hätte er aber länger gelebt, ohne diese Weise zu handeln abzulegen, so hätte er seine Herrschaft selbst zerstört. Auf die Antwort, daß viele freigebige Fürsten mittelst ihrer Kriegsheere große Dinge ausgerichtet haben, erwidere ich: der Fürst vergeudet entweder das Seinige und das Gut seiner Unterthanen, oder fremdes. Im ersten Falle sollte er sparsam sein; im zweiten muß er auf alle Weise den Namen der Freigebigkeit suchen; denn der Fürst, der mit einem Heere auszieht, welches vom Raube, Plünderung, Brandschatzung lebt, und fremdes Gut an sich bringt, muß wol freigebig sein: sonst fände er keine Soldaten, die mit ihm ausziehen. Wenn du nicht dein eignes oder deiner Unterthanen Gut vergeudest, so magst du wol freigebig sein, wie Cyrus, Cäsar und Alexander: fremdes Gut durchbringen, macht keinen schlechten Namen, sondern das Gegentheil. Nur die Verschwendung des eignen schadet. Keine

Sache verzehrt sich selbst, so wie die Freigebigkeit. Indem du sie übst, verlierst du die Kraft dazu, und wirst entweder arm oder niederträchtig, oder um der Armuth zu entgehen, räuberisch und dadurch verhaßt. Unter allen Dingen, die ein Fürst vermeiden muß, steht oben an, verachtet und verhaßt zu sein, und die Freigebigkeit führt zu Beidem. Es ist daher weiser, sich als geizig verschreien zu lassen, was freilich einen schlechten Namen macht, jedoch ohne Haß zu erzeugen, als um des Rufes der Freigebigkeit willen als räuberisch berüchtigt und dabei verhaßt zu werden.

17. Von der Grausamkeit und Milde.

Ich gehe weiter zu den übrigen oben benannten Tugenden und sage, daß jeder Fürst suchen müsse, für mitleidig gehalten zu werden, jedoch aber so, baß er diese Tugend nicht übel anwende. Cäsar Borgia galt für grausam. Diese Grausamkeit hatte die Provinz Romagna zusammen gehalten, in Einigkeit, in Frieden und in treuer Unterwürfigkeit. Erwägt man es genau, so wird man finden, daß dies viel menschlicher war, als das Betragen der Florentiner, die zugaben, daß Pistoja zerstört ward, um nicht für grausam zu gelten. Ein Fürst muß daher den Ruf der Grausamkeit nicht scheuen, um seine Unterthanen in Gehorsam und Einigkeit zu erhalten. Es ist mehr Gelindigkeit darin, wenige Strafen zu verfügen, als durch unzeitige Nachsicht Unordnungen zu veranlassen, welche Mord und Raub erzeugen, die ganze Gemeinwesen treffen, wohingegen die Straferkenntnisse der Fürsten nur Einzelne drücken. Unter allen Fürsten kann der neue am wenigsten den Namen der Grausamkeit vermeiden, weil seine Lage voll Gefahren ist, und daher Virgil der Dido zur Entschuldigung ihrer strengen Regierung Folgendes in den Mund legt:

»*Res dura et regni novitas me talia cogunt*
Moliri, et late fines custode tueri.«

Dennoch muß er nicht leicht glauben und sich in Bewegung setzen; sich auch nicht von selbst fürchten, sondern mit Klugheit und Menschenfreundlichkeit mäßig verfahren, so daß ihn weder zu vieles Zutrauen unvorsichtig, noch zu vieles Mißtrauen unerträglich mache. Hieraus entsteht eine Streitfrage, ob es besser sei, geliebt oder gefürchtet zu werden. Ich antworte, daß beides gut ist; da aber schwer ist, beides mit einander zu verbinden, so ist es viel sicherer, gefürchtet zu werden, als geliebt, wenn ja eines von beiden fehlen soll. Denn man kann im Allgemeinen von den Menschen sagen, daß sie undankbar, wankelmüthig, verstellt, feig in der Gefahr, begierig auf Gewinn sind: so lange du ihnen wohlthust, sind sie dir ganz ergeben, wollen Gut und Blut für dich lassen, ihr eignes Leben aufopfern, das Leben ihrer Kinder (wie ich schon gesagt habe), so lange die Gefahr entfernt ist; kommt sie aber näher, so empören sie sich. Der Fürst, der sich auf ihre Worte verlassen und keine andren Zurüstungen gemacht hat, geht zu Grunde: denn die erkauften Freundschaften, so da nicht durch Größe des Geistes und Edelmuth erworben sind, haben zwar guten Grund, halten aber doch nicht vor, wenn es Noth thut. Die Menschen machen sich weniger daraus, den zu beleidigen, der sich beliebt macht, als den, der gefürchtet wird; denn die Zuneigung der Menschen beruhet auf einem Bande der Dankbarkeit, das wegen der schlechten Beschaffenheit der menschlichen Natur abreißt, sobald der Eigennutz damit in Streit geräth: die Furcht aber vor Züchtigung läßt niemals nach. Doch muß der Fürst sich auf solche Art fürchten machen, daß er nicht verhaßt werde; denn es kann recht gut mit einander bestehen, gefürchtet zu sein und nicht gehaßt. Hierzu ist vornehmlich erforderlich, daß er sich der Eingriffe in das Vermögen seiner Bürger und Unterthanen, und ihrer Weiber enthalte. Ist es ja nothwendig, einem das Leben zu nehmen, so geschehe es so, daß die gerechte Ursache am Tage liege. Vor allen Dingen aber enthalte er sich, das Vermögen der Unterthanen anzutasten, denn die Menschen verschmerzen allenfalls noch eher den Tod des Vaters, als den Verlust des Vermögens. Auch fehlt es niemals an Veranlassungen, das Vermögen zu nehmen. Wer einmal anfängt so zu plündern, findet immer Ursachen, den Nächsten ebenfalls anzugreifen: die Veranlassungen zum Blutvergießen sind seltner, und es fehlt leichter daran. Hat der Fürst aber ein großes Heer beisammen, so darf er den Ruf der Grausamkeit nicht fürchten; denn ein Kriegsheer kann ohne das nicht wohl beisammen und in Gehorsam erhalten werden. Unter die bewunderungswürdigen Thaten des Hannibal wird vorzüglich gezählt, daß er ein großes, aus unendlicher Mannichfaltigkeit von Menschengeschlechtern zusammengesetztes Heer in fremde Länder geführt, ohne daß jemals ein Aufstand oder Zwistigkeit unter ihnen entstanden wäre, und zwar so wenig im Unglücke als im Glücke. Dies kann nur von seiner unmenschlichen Grausamkeit herrühren, die ihn in Verbindung mit seinen unendlichen großen Eigenschaften ehrwürdig und furchtbar machte, was ja durch die übrigen allein nicht geschehen wäre. Unüberlegte Schriftsteller bewundern seine Handlungen und tadeln auf der andern Seite die Ursachen derselben; Daß dem wirklich also gewesen, beweist das Beispiel des Scipio, der ein in seinen und in allen Zeiten so seltnes Beispiel aller Tugenden gab, und dessen Kriegsheer in Spanien dennoch rebellirte; was keine andre Ursache, gehabt hat, als seine Milde, die den Soldaten mehr Freiheit zugestand, als mit der militärischen Zucht vereinbar ist. Fabius Maximus warf ihm dies im Senate vor und nannte ihn deswegen den Verderber der römischen Kriegszucht. Als einer seiner Unterbefehlshaber die Locrenser vernichtete, machte er diesem keinen Vorwurf darüber, und strafte ihn nicht: auch dieses rührte von seiner allzunachsichtigen Gemüthsart her. So daß Jemand im Senate ihn damit entschuldigte, es gebe Menschen, die besser wüßten, selbst nie zu fehlen, als die Fehler Andrer zu bestrafen. Diese Gemüthsbeschaffenheit würde am Ende den Ruhm des Scipio befleckt haben, wenn er hätte fortfahren sollen, den Befehlshaber zu machen. Da er aber unter der Regierung eines Senates lebte, so verschwand der Fehler nicht nur, sondern gereichte ihm noch zum Ruhme. Ich komme zum Beschlüsse auf meine Behauptung zurück und fasse sie also: da die Liebe der Menschen von ihrer Neigung, ihre Furcht aber vom Betragen des Fürsten abhängt, so muß der weise Fürst es nicht auf die Neigungen Andrer ankommen lassen, sondern auf das achten, was von ihm abhängt; nur muß er vermeiden, sich verhaßt zu machen.

18. In wie fern ein Fürst sein Wort halten muß.

Jedermann weiß, wie lobenswürdig es ist, wenn ein Fürst sein Wort hält und rechtschaffen lebt, nicht mit List. Dennoch sieht man aus der Erfahrung unsrer Tage, daß diejenigen Fürsten, welche sich aus Treu und Glauben wenig gemacht haben, und mit List die Gemüther der Menschen zu bethören verstanden, große Dinge ausgerichtet, und am Ende diejenigen, welche redlich handelten, überwunden haben. Wisset also, daß es zwei Arten gibt, zu kämpfen: eine durch die Gesetze, die andre durch Gewalt – das Erste ist die Sitte der Menschen; das Zweite die Weise der Thiere. Oft aber reicht das Erste nicht zu, und so muß zu der zweiten Manier gegriffen werden. Einem Fürsten ist daher nöthig, den Menschen und das reißende Thier spielen zu können. Diese Lehre wird von den Alten dadurch angedeutet, baß sie berichten, wie Achilles und viele andre Helden vom Centauren Chiron aufgezogen und unterwiesen worden. Einen solchen Lehrer haben, halb Mensch, halb Thier, heißt nichts Anderes, als daß ein Fürst beide Naturen, die menschliche und die thierische, gut zu gebrauchen wissen soll, weil eine ohne die andre nicht lange besteht.[18] Weil es denn nothwendig ist, daß der Fürst sich darauf verstehe, die Bestie zu spielen, so muß er Beides davon nehmen, den Fuchs und den Löwen; denn der Löwe entgeht den Schlingen nicht, und der Fuchs kann sich gegen den Wolf nicht wehren. Die Fuchsgestalt ist also nöthig, um die Schlingen kennen zu lernen, und die Löwenmaske, um die Wölfe zu verjagen. Diejenigen, welche sich allein darauf legen, den Löwen zu spielen, verstehen es nicht. Ein kluger Fürst kann und darf daher sein Wort nicht halten, wenn die Beobachtung desselben sich gegen ihn selbst kehren würde, und die Ursachen, die ihn bewogen haben es zu geben, aufhören. Wenn die Menschen insgesammt gut wären, so würde dieser Rath nichts werth sein. Da sie aber nicht viel taugen und ihr Wort gegen dich nicht halten, so hast du es ihnen auch nicht zu halten: und einem Fürsten kann es nie an Vorwand fehlen, es zu beschönigen, wenn er es bricht. Hiervon könnte man viele neue Beispiele anführen und zeigen, wie viele Friedensschlüsse, wie viele Versprechungen durch die Untreue der Fürsten vereitelt sind, und daß derjenige, der den Fuchs am besten zu spielen gewußt hat, auch am weitesten kommt. Aber es ist nothwendig, sich darauf zu verstehen, wie diese Eigenschaft beschönigt wird, stark in der Kunst zu sein, sich zu verstecken und zu verlarven. Die Menschen sind so einfältig und hängen so sehr von dem Drucke des Augenblicks ab, daß derjenige, der sie hintergehen will, allemal Jemand findet, der sich betrügen läßt. Ein einziges neues Beispiel will ich anführen. Papst Alexander der Sechste that gar nichts Anderes als betrügen, dachte an nichts Anderes und fand immer Leute, die sich anführen ließen. Niemals hat Jemand eine größere Fertigkeit gehabt, zu versichern und mit großen Schwüren zu betheuern, und weniger zu halten. Dennoch gelangen ihm seine Anschläge, Hinterlisten nach Wunsch, weil er die Welt von dieser Seite gut kannte. Ein Fürst muß also nicht die vorhin beschriebenen Tugenden haben, wol aber das Ansehn davon. Ich wage es zu behaupten, daß es sehr nachtheilig ist, stets redlich zu sein: aber fromm, treu, menschlich, gottesfürchtig, redlich zu scheinen ist sehr nützlich. Man muß sein Gemüth so bilden, daß man, wenn es nothwendig ist, auch das Gegentheil davon vorbringen könne. Ein Fürst, und absonderlich ein neuer Fürst, kann nicht immer alles das beobachten, was bei andern Menschen für gut gilt; er muß oft, um seinen Platz zu behaupten, Treue,

---

[18] Das ist nun freilich eine überaus kühne Interpretation der griechischen Sage!

Menschenliebe, Menschlichkeit und Religion verletzen. Er muß also ein Gemüth besitzen, das geschickt ist, sich so, wie es die Winde und abwechselnden Glücksfälle fordern, zu wenden, und zwar nicht eben den geraden Weg allemal verlassen, so oft es Gelegenheit dazu gibt; wol aber den krummen Weg betreten, wenn es sein muß. Ein Fürst muß sich daher wohl hüten, daß nie ein Wort aus seinem Munde gehe, das nicht von obgedachten fünf Tugenden zeugt. Alles, was von ihm herkommt, muß Mitleid, Treue, Menschlichkeit, Redlichkeit, Frömmigkeit athmen. Nichts aber ist notwendiger, als der Schein der letztgenannten Tugend. Denn die Menschen urtheilen im Ganzen mehr nach den Augen, als nach dem Gefühle. Die Augen hat Jeder offen; Wenige haben richtiges Gefühl. Jeder sieht, was du zu sein scheinst; Wenige merken, wie du beschaffen bist, und diese Wenigen wagen es nicht, der Stimme des großen Haufens zu widersprechen, dem der Glanz großer Würde immer für einen Grund der Bewunderung gilt. Bei den Handlungen der Menschen, absonderlich der Fürsten, welche keinen Gerichtshof über sich anerkennen, wird immer auf den Endzweck gesehen. Der Fürst suche also nur sein Leben und seine Gewalt zu sichern: die Mittel werden immer für ehrenvoll gelten und von Jedermann gelobt werden, denn der große Haufe hält es stets mit dem Scheine und mit dem Ausgange. Die ganze Welt ist voll von Pöbel, und die wenigen Klügern kommen nur zu Worte, wenn es dem großen Haufen, der in sich selbst keine Kraft hat, an einer Stütze fehlt. Ein Fürst unsrer Zeit, den ich besser nicht nenne,[19] predigt nichts als Frieden und Treue, und wäre doch um seine Herrschaft gekommen, wenn er sie selbst beobachtet hätte.

19. Verachtung und Haß sind zu vermeiden.

Nachdem ich von den wichtigsten der aufgezählten Eigenschaften ausführlich gehandelt, so will ich die übrigen hier in die allgemeine Lehre zusammenfassen, daß der Fürst (so wie zum Theil im Einzelnen schon gesagt ist) Alles vermeiden muß, was ihn gehässig oder verächtlich machen kann; und so oft er dies vermeidet, wird er das Seinige gethan haben, und alle übrige üble Nachrede kann ihm keine Gefahr bringen. Verhaßt macht ihn vor allem Andern (wie bereits erwähnt worden), wenn

---

[19] Ferdinand von Arragonien scheint gemeint zu sein.

er räuberisch ist, und das Vermögen und die Weiber seiner Unterthanen angreift, deren er sich enthalten sollte. So lange der Menschen Vermögen und Ehre nicht angetastet wird, so lange leben sie zufrieden, und es ist nur der Ehrgeiz einiger Wenigen zu bekämpfen, welche auf mancherlei Art leicht im Zaume zu halten sind. Verächtlich wird derjenige, der für wankelmüthig, leichtsinnig, weibisch, kleinmüthig, unentschlossen gilt: dieses muß ein Fürst vermeiden, wie eine Klippe; und sich bemühen, in seinen Handlungen eine gewisse Größe, Muth, Ernst und Stärke zu zeigen. In allen Verhandlungen mit den Unterthanen muß er von sich die Meinung zu erregen suchen, daß seine Entschlüsse unwiderruflich seien: und sich in solcher Achtung erhalten, daß Niemand es wage, ihn zu hintergehen oder zu bestricken. Der Fürst, der in diesem Ansehn steht, hat Ruf genug, und gegen ihn wird schwerlich eine Verschwörung angezettelt. Es greift ihn nicht leicht Jemand an, sobald man weiß, daß er große Eigenschaften hat und von den Seinigen geachtet wird. Ein Fürst hat nur zwei Dinge zu fürchten: eines im Innern von den Unterthanen; das andre von Außen von fremden Mächten. Gegen diese wehrt man sich mit guter Kriegsmacht, und wer die hat, dem kann es nie an Freunden fehlen: im Innern wird er stets Ruhe erhalten, so lange von Außen Alles sicher ist, es wäre denn, daß eine Verschwörung entstände; und wird er von Außen angegriffen, hat aber Alles angeordnet und so gehandelt, wie ich gesagt habe, so wird er, bleibt er sich selbst nur getreu, alle Anfälle abwehren, so wie Nabis der Spartaner. Aber von den Unterthanen ist auch bei äußerer Ruhe eine Verschwörung zu fürchten, gegen welche der Fürst sich sichert, wenn er Haß und Verachtung vermeidet und das Volk zufrieden stellt. Dies ist aber nothwendig, wie gezeigt worden. Eines der kräftigsten Mittel gegen Verschwörungen ist es, allgemeinen Haß und Verachtung des Volks zu vermeiden; denn wer Verschwörungen anzettelt, glaubt immer, durch den Tod des Fürsten das Volk zufrieden zu stellen. Wer hingegen weiß, daß er dieses dadurch beleidigen wird, wagt es nicht, solche Dinge zu unternehmen: denn die Schwierigkeiten sind unendlich auf Seiten der Verschwornen. Die Erfahrung zeigt, daß viele Verschwörungen gemacht, wenige aber gelungen sind; denn wer sie unternimmt, kann allein nichts ausrichten; Hilfe kann er nur bei denen suchen, die er für unzufrieden hält. Sobald du aber einem Mißvergnügten deine Absichten entdeckt hast, so gibst du ihm das Mittel, seine eignen Wünsche zu befriedigen, denn er mag von der Verrätherei des Anschlags allen Vortheil hoffen. Wenn er sichern Gewinn von dieser Seite sieht, und von der andern Ungewißheit und Gefahr, so muß er eine seltne Treue der Freundschaft gegen seinen Mitgenossen, oder eingewurzelten Haß gegen den Fürsten haben, wenn er dir Wort halten soll. Kurz, auf Seiten der Verschwornen ist nichts als Furcht, Eifersucht, Argwohn, welche Alles lähmen; auf Seiten des Fürsten ist das Ansehn der fürstlichen Würde, die Gesetze, Schutz der Freunde und der öffentlichen Gewalt, so daß, wenn hier noch die Zuneigung des Volks hinzukommt, es unmöglich ist, daß Jemand so tollkühn sei, eine Verschwörung anzufangen. Gewöhnlich haben die Verschwornen vor der Ausführung ihres Anschlags Uebles zu fürchten: nach derselben müssen sie auch noch alsdann, wenn Alles gelingt, das Volk fürchten, und es bleibt ihnen daher keine Zuflucht. Ich könnte unzählige Beispiele davon anführen; es ist aber mit Einem genug, welches sich zur Gedenkzeit unsrer Väter ereignet hat. Annibal Bentivoglio, Fürst von Bologna und Großvater des jetztlebenden Herrn Annibal, ward von der Partei der Canni in einer Verschwörung ums Leben gebracht. Er hinterließ ein einziges Kind in den Windeln, den Giovanni. Gleich nach dem Morde stand das Volk auf und brachte die ganze Partei der Verschwornen um. Das war die Wirkung der Zuneigung des Volks von Bologna gegen die Familie Bentivoglio, welche damals so groß war, daß die Bologneser, in Ermangelung eines Andern von der Familie, der nach Annibals Tode den Staat hätte regieren können, nach Florenz kamen, wo ein Sprößling des Hauses Bentivoglio sich aufhielt, der aber für den Sohn eines Schmieds galt, um diesem die Regierung zu übertragen, die er auch wirklich geführt hat, bis Herr Giovanni das hinreichende Alter erreicht hatte.[20] Ich schließe also, daß ein Fürst Verschwörungen wenig zu fürchten hat, so lange ihm das Volk gewogen ist. Wenn er demselben aber verhaßt ist, so muß er Alles und jeden Menschen fürchten. Wohlgeordnete Staaten und weise Fürsten haben daher immer mit der größten Sorgfalt zu vermeiden gesucht, daß die Großen nicht in Verzweiflung fallen, das Volk aber zufrieden bleibe; denn dieses ist eine der wichtigsten Sorgen des Regenten. Unter den wohlgeordneten und regierten Reichen unsrer Zeit ist Frankreich zu nennen, wo sich unzählige gute Anstalten finden, von denen die Sicherheit und Freiheit des Königs abhängt. Unter diesen ist die erste das Parlament und sein Ansehn. Wer dieses gegründet hat, kannte den Uebermuth der Großen und ihre Dreis-

---

20 Er besann sich, ob er den Antrag annehmen solle. Da ihm zugeredet ward, wenn er ein ächter Bentivoglio sei, so würde er den Antrag nicht ablehnen, und das Volk von Bologna ihn auch nicht verlassen, wagte er den Schritt: und nun kam es auch so. Er bewies sich des Blutes würdig, das man in ihm voraussetzte, und machte sein Recht dadurch geltend. So viel vermag die Geburt, wenn sie nicht allein Alles thun soll.

tigkeit: er sah die Notwendigkeit, ihnen einen Zaum anzulegen. Auf der andern Seite kannte er den Haß des Volks gegen die Großen, der von der Furcht herrührt. Um dasselbe sicher zu stellen, dem Könige aber die üblen Folgen abzunehmen, die von den Großen zu besorgen waren, wenn er das Volk begünstigte, und von dem Volke, sobald er die Großen begünstigte, so ordnete er einen dritten Richter an, der ohne Beschwerde des Königs die Großen niederhalten und das Volk schützen konnte. Es ließ sich keine bessere Ordnung für die Sicherheit des Reichs und des Königs ausdenken. Hieraus ist noch eine Lehre zu ziehen: daß die Fürsten alle harten Maßregeln durch Andre ausführen lassen. Gnadensachen aber für sich selbst behalten müssen. Ferner schließe ich, daß ein Fürst den Großen mit Achtung begegnen solle, jedoch ohne das Volk zum Hasse zu reizen. Es mag vielleicht Manchem scheinen, daß das Beispiel der römischen Kaiser diesem widerspreche, da doch mehrere, die vortrefflich regiert und vorzügliche Kraft des Geistes gezeigt hatten, durch Verschwörungen den Thron oder gar das Leben verloren haben. Diesem Einwurfe zu begegnen, will ich den Charakter einiger Imperatoren durchgehen, und die Ursachen ihres Falles anzeigen, welche demjenigen nicht widersprechen, was ich oben gesagt habe. Dabei werde ich zum Theil erinnern, was dem, der die Geschichte jener Zeit liest, bemerkenswerth sein muß. Es ist für mich hinreichend, die Imperatoren, welche vom Marcus Antoninus an bis auf Maximinus regiert haben, durchzugehen. Marcus, sein Sohn Commodus, Pertinax, Julianus, Severus, Antoninus Caracalla, Sohn des Vorigen, Macrinus, Heliogabalus, Alexander und Maximinus, Zuerst ist zu bemerken, daß, wenn in andern Reichen nur der Ehrgeiz der Großen und die Zügellosigkeit des Volks zu bekämpfen ist, die römischen Imperatoren noch eine dritte Schwierigkeit vor sich fanden, welche in der Habsucht und der Wildheit der Kriegsmacht bestand. Diese Sache hat solche Schwierigkeit, daß sie Ursache des Unterganges einiger Kaiser wurde; weil es schwer ist, die Soldaten zufrieden zu stellen und das Volk zugleich mit: denn das Volk wünscht Ruhe und liebt deswegen die Fürsten von gemäßigter Denkungsart: die Soldaten aber lieben kriegerische, übermüthige, grausame, raubsüchtige Fürsten. Sie verlangten Personen von solcher Gemüthsart zu Imperatoren, um doppelten Sold zu erhalten und ihren Geiz und grausame Gemüthsart zu befriedigen. Daher mußten alle Imperatoren, die nicht von Natur oder durch ihre Bestrebungen sich ein Ansehn zu verschaffen wußten, welches Alles Jene im Zaume zu halten vermochte, zu Grunde gehen. Die meisten von ihnen, insbesondere die aus dem Privatstande waren, bemühten sich, wenn sie diese Schwierigkeiten fühlten, nur die Soldaten zufrieden zu stellen, und achteten wenig auf die Bedrückung des Volks. Dies war nothwendig. Denn wenn Fürsten es nicht vermeiden können, den Haß des einen oder andern Theils auf sich zu laden, so müssen sie doch alle Sorgfalt anwenden, daß es nicht von beiden zugleich geschehe. Ist es einmal unvermeidlich, von einer Partei gehaßt zu werden, so sei es doch wenigstens nicht von der mächtigsten. Die Imperatoren, welche zur neuen Herrschaft aufstiegen, und desfalls außerordentlicher Gunst bedurften, machten sich daher lieber einen Anhang unter den Soldaten als im Volke, welches ihnen aber doch nur in so fern etwas nützte, als sie ihr Ansehn bei den Letztern zu erhalten vermochten. Aus diesen Ursachen nahmen diejenigen, welche von milder Gemüthsart, Gerechtigkeit liebend, der Grausamkeit abgeneigt, menschenfreundlich und leutselig waren, nämlich Marcus, Pertinax und Alexander, den einzigen Marcus ausgenommen, ein gewaltsames Ende. Marcus allein lebte und starb geehrt, weil er durch Erbrecht den Thron bestiegen hatte, und ihn weder den Soldaten noch dem Volke verdankte. Außerdem war er durch so viele Tugenden ehrwürdig, wußte beide Stände während seiner ganzen Regierung in ihren Grenzen zu halten und machte sich nie verhaßt oder verächtlich. Pertinax aber ward gegen den Willen der Soldaten gewählt, welche unter dem Commodus an Zügellosigkeit gewöhnt, das ordentliche Leben, welches Pertinax einführen wollte, unerträglich fanden, Dies erzeugte Haß. Dazu kam Geringschätzung wegen seines Alters, und so ging er, gleich nachdem er die Regierung angetreten, zu Grunde. Es ist bemerkenswerth, daß Haß durch gute Handlungen sowol als durch schlechte erregt werden kann. Ein Fürst, der sich auf dem Throne erhalten will, darf daher oft, wie ich bereits gesagt habe, nicht gut handeln, denn wenn die Masse seines Volks oder Kriegsheers, oder die Großen seines Reiches, deren er bedarf, um sich zu halten, verdorben sind, so muß er wol ihrem Sinne folgen und sie zufrieden stellen, wozu die rechtschaffensten Handlungen oft schädlich sind. Auf den Alexander zu kommen: dieser war so gütig gesinnt, daß man unter andern: Lobe, das ihm ertheilt wird, bemerkt, er habe in einer vierzehnjährigen Regierung keinen Menschen, ohne daß er verurtheilt worden, tödten lassen. Dennoch fiel er in Geringschätzung, weil er für weibisch galt, und es hieß, er ließe sich von seiner Mutter regieren. Es entstand eine Verschwörung der Soldaten gegen ihn, durch welche er um das Leben kam. Nunmehr wollen wir die entgegengesetzten Charaktere des Commodus, Severus, Antoninus Caracalla und Maximinus betrachten. Wir finden sie höchst raubsüchtig und grausam. Um die Soldaten zu befriedigen, enthielten sie sich keiner Art von Mißhandlung des Volks. Dennoch kamen sie, mit alleiniger Ausnahme des Severus, gewaltsamer Weise ums Leben. Severus hatte ein so tapferes Gemüth, daß er die Herrschaft dadurch glücklich zu behaupten vermochte, daß er die Soldaten zu Freunden behielt, obwol er das Volk sehr drückte: denn seine großen Eigenschaften machten ihn den Soldaten und dem Volke so ehrwürdig, daß dieses erstaunt und demüthig, jene aber voll Verehrung und befriedigt waren. Da die Handlungen dieses zur Herrschaft emporgestiegenen Regenten ganz ausgezeichnet gewesen sind, so will ich kurz zeigen, wie er den Fuchs und den Löwen zu spielen verstand, was ich vom Fürsten verlangt habe. Da Severus die Feigheit des Kaisers Julianus erkannte, überredete er das Heer, welchem er in Slavonien vorgesetzt war, nach Rom zu gehen, um den Tod des Pertinax zu rächen, den die Leibwache getödtet hatte. Unter diesem Vorwande setzte er sich in Bewegung, ohne seine Absichten auf den Thron merken zu lassen, und langte in Italien an, ehe man seine Abreise wußte. Gleich nach seiner Ankunft in Rom erwählte ihn der Senat aus Furcht, und Julianus ward getödtet. Noch blieben dem Severus zwei Schwierigkeiten: die eine in Asien, wo Niger sich hatte ausrufen lassen, die andre im Occidente, wo Albinus nach der Würde des Imperators strebte. Er hielt es für gefährlich, sich zugleich gegen Beide zu erklären, und beschloß daher, den Niger anzugreifen, den Albinus aber zu hintergehen. Diesem schrieb er, er sei vom Senate erwählt, wolle die Würde mit ihm theilen, gab ihm den Titel Cäsar und ließ ihn durch den Senat zu seinem Collegen erwählen. Albinus nahm dieses für Ernst. Als Severus aber den Niger besiegt und den Orient beruhigt hatte, kehrte er nach Rom zurück und beschwerte sich im Senate über den Undank des Albinus, der ihm verrätherischer Weise nach dem Leben getrachtet habe, und den er wegen seiner Undankbarkeit züchtigen müsse. Er suchte ihn hierauf in Frankreich auf und nahm ihm Würde und Leben. Wer diese Geschichte aufmerksam erwägt, wird den muthigsten Löwen und den schlauesten Fuchs erkennen: wird sehen, wie er von Allen gefürchtet und geehrt ward und beim Kriegsheere nicht verhaßt war. Man darf sich nicht wundern, daß dieser neue Fürst die Herrschaft zu behaupten gewußt, da er sich durch seinen großen Ruf beständig gegen den Haß zu wehren wußte, den seine Neuerungen beim Volke hätten erzeugen können. Sein Sohn Antoninus hatte ebenfalls ausgezeichnete Eigenschaften, und ward deswegen vom Volke bewundert, bei den Soldaten aber beliebt, weil er kriegerisch war, alle Strapazen nicht achtete und köstliche Speisen so wie alle andern Wollüste verachtete, welches ihm die Zuneigung aller Armeen erwarb. Aber seine Wildheit und Grausamkeit war so unerhört, daß er bei verschiednen Gelegenheiten einen großen Theil des Volks von Rom und alle Bewohner von Alexandrien tödtete. Dadurch ward er der ganzen Welt verhaßt, und flößte auch denen, die um ihn waren, Furcht ein, so daß ein Centurio ihn mitten in seiner Armee umbrachte. Hierbei ist zu bemerken, daß die Fürsten solchen gewaltsamen Tod durch die Hand eines entschlossenen Mannes gar nicht vermeiden können. Denn es kann Jeder die That vollbringen, der nur sein eignes Leben nicht achtet. Doch hat der Fürst sie eben nicht zu fürchten, weil solche Handlungen äußerst selten sind. Er muß sich nur hüten, diejenigen, die um ihn sind, und deren er sich in Regierungsgeschäften bedient, nicht gröblich zu beleidigen, wie Antoninus that, der einen Bruder des Centurio hatte tödten lassen, und ihm selbst täglich drohte, trotzdem aber die Leibwache anvertraute. Das war tollkühn und mußte ein schlechtes Ende nehmen, wie es auch in Wahrheit geschehen ist. Wir kommen zum Commodus, der die Herrschaft gar leicht hätte behalten können, die er als Sohn des Marcus geerbt hatte. Er durfte nur in die Fußtapfen seines Vaters treten, so hätte er Volk und Soldaten Genüge gethan. Da er aber ein grausames und thierisches Gemüth hatte, veranlaßte er selbst in der Armee allerlei Complotte, und ließ sie zügellos werden, um seine Raubgier zu befriedigen und das Volk auszuplündern. Auf der andern Seite behauptete er seine Würde schlecht, indem er oft ins Theater herabstieg, um mit Gladiatoren zu kämpfen, und andre Dinge vornahm, die der kaiserlichen Würde schlecht anstanden; er ward also bei den Soldaten verächtlich. Auf einer Seite gehaßt, auf der andern verachtet, fiel er als Opfer einer Verschwörung. Endlich vom Maximinus. Dieser war höchst kriegerisch, und da die Armee einen Widerwillen gegen das weibische Wesen des Alexander bekommen, von dem ich oben geredet habe, tödteten sie diesen und wählten jenen zum Kaiser, welcher er jedoch nicht lange blieb. Zwei Dinge machten ihn verhaßt und verachtet. Das eine seine niedrige Herkunft, da er in Thracien das Vieh gehütet hatte (welches allgemein bekannt war, und ihn in allen Augen herabsetzte); das andre, daß er im Anfange seiner Herrschaft verschob, nach Rom zu gehen und Besitz von der kaiserlichen Würde zu nehmen; daneben in üblen Ruf gerieth, weil er durch seine Statthalter in Rom und anderen Orten viele Grausamkeiten verüben lassen. Da mithin die ganze Welt voll Unwillen über seine niedrige Herkunft, und andrerseits voll Haß und Furcht wegen seines wilden Gemüths war, so verschwor sich der Senat, ganz Rom und endlich ganz Italien gegen ihn. Hierzu kam sein eignes Heer, welches im Lager vor Aquileja Schwierigkeiten bei der

Belagerung fand, seiner Grausamkeit überdrüssig ward, und da es sah, daß ihn die ganze Welt haßte, ihn umbrachte. Ich will weder vom Heliogabalus, noch vom Macrinus, noch Julianus reden, welche so niedrige Geschöpfe waren, daß sie sofort zu Grunde gingen: sondern ich komme zum Schlusse und sage, daß die Fürsten unsrer Zeit sich weniger in jener Verlegenheit befänden, auf außerordentliche Mittel denken zu müssen, um die Soldaten zu befriedigen. Wenngleich auf diese Rücksicht genommen werden muß, so hat es doch damit so viel nicht zu bedeuten; denn die heutigen Fürsten haben keine Heere beisammen, die mit der Regierung und Verwaltung der Provinzen so verwebt waren, als die römischen. War es damals nöthiger, das Kriegsheer zu befriedigen, als das Volk, weil jenes mächtiger war, als dieses; so ist es gegenwärtig für alle Fürsten (mit Ausnahme der Sultane von Konstantinopel und Egypten) nothwendiger, das Volk zufrieden zu stellen, weil selbiges heutigen Tages mehr vermag, als die Soldaten. Ich nehme den türkischen Kaiser aus, der ungefähr zwölftausend Mann zu Fuß und fünfzehntausend zu Pferde hält, von denen die Sicherheit und Stärke seines Reiches abhängt, und die er daher nothwendig ohne alle Rücksicht auf die andern Unterthanen zu Freunden behalten muß. Eben so ist es mit dem Sultan von Egypten, der ganz in den Händen seiner Soldaten ist, und diese daher zu Freunden behalten muß, es koste was es wolle. Es ist dabei zu bemerken, daß dieser Sultan von allen andern Fürsten verschieden ist, und Aehnlichkeit mit dem Papste hat, der weder Erbfürst ist, noch für einen neuen Fürsten gelten kann; denn es werden jedesmal nicht die Söhne des verstorbenen Regenten Erben und Nachfolger, sondern der Fürst wird von denen gewählt, die dazu befugt sind. Da diese Ordnung der Dinge alt ist, so kann es nicht für eine neue Herrschaft gelten, indem keine von den Schwierigkeiten vorhanden sind, die ein neuerrichtetes Fürstenthum drücken. Wenngleich der Fürst aus dem Privatstande zu der Würde erhoben wird, so sind doch die Anordnungen alt, und Alles ist darauf eingerichtet, ihn als einen Erbfürsten zu empfangen. Auf meine Behauptung zurückzukommen, so wird Jeder, der die obige Erzählung erwägt, einsehen, daß Haß und Verachtung die Ursachen des Unterganges jener Imperatoren gewesen. Es wird dadurch begreiflich, wie es zugegangen ist, daß, da einige auf diese, andre auf entgegengesetzte Weise handelten, dennoch einige von jenen und einige von diesen ein glückliches, andre ein unglückliches Ende genommen. Dem Pertinax und Alexander half es nichts, dem Marcus nachzuahmen, weil sie sich auf den Thron geschwungen hatten, dieser aber ein Erbfürst war; dem Caracalla, Commodus und Maximinus war es sehr nachtheilig, es so zu machen wie Severus, weil es ihnen an den erforderlichen Tugenden fehlte, in seine Fußtapfen zu treten. Ein neuer Fürst kann dem Marcus nicht nachahmen und braucht nicht dem Severus zu folgen: sondern er muß vom Severus annehmen, was nöthig ist, seine Herrschaft zu gründen; vom Marcus aber das, was ruhmwürdig und nützlich ist, einen bereits festgegründeten Staat zu erhalten.

20. Ob Festungen und andere Sicherheitsanstalten den Fürsten nützlich oder schädlich sind?

Einige Fürsten haben ihre Unterthanen entwaffnet, um ihre Herrschaft sicher zu stellen, andre haben es darauf angelegt, daß die Parteien in den ihnen unterworfenen Städten fortdauern sollten, andre haben Feindschaften gegen sich selbst unterhalten, andre haben sich bemüht, diejenigen, welche ihnen zu Anfang verdächtig waren, zu gewinnen; einige haben Festungen erbaut, andre haben sie niedergerissen und zerstört. Obgleich über alle diese Dinge kein allgemeines Urtheil stattfindet, sondern es auf die besondern Umstände des Staates ankommt, in welchem eine Entschließung zu fassen ist, so will ich doch im Allgemeinen so viel davon reden, als die Natur der Sache verstattet. Es ist einem neuen Fürsten niemals zuträglich gewesen, seine Unterthanen zu entwaffnen. Vielmehr hat ein solcher sie allemal mit Nutzen bewaffnet, wenn er sie unbewaffnet fand: denn wenn er sie bewaffnet, so werden diese Waffen Sein, Verdächtige werden treu, die Getreuen können sich erhalten, und die Unterthanen werden Anhänger ihres Herrn. Da es aber unmöglich ist, alle Unterthanen zu bewaffnen, so sind diejenigen, welche dazu ausersehen werden, mit gewissen Vorzügen auszuzeichnen: mit den andern aber kann man ganz sicher nach Belieben verfahren. Diese Verschiedenheit in der Behandlung sichert die Ergebenheit derer, die hervorgezogen werden; die andern aber entschuldigen das Verfahren, weil sie die Notwendigkeit einsehen, diejenigen, welche mehr Verpflichtung und Gefahr übernehmen, zu belohnen. Wer hingegen damit anfängt, das Volk zu entwaffnen, beleidigt es, und zeigt Mißtrauen in ihren Muth oder ihre Treue: solche Gesinnungen erregen beide Haß. Weil der Fürst nicht ganz ohne Kriegsmannschaft sein kann, so muß er zu Miethstruppen greifen, von deren Beschaffenheit oben gehandelt worden. Wären diese aber auch tadellos, so kann man doch ihrer nicht genug unterhalten, um sich gegen mächtige Feinde und verdächtige Unterthanen zugleich zu vertheidigen. Neue Fürsten haben daher allemal, wie ich bereits gesagt habe, in ihren neuerworbenen Ländern Kriegsmannschaft eingeführt. Die Geschichte ist voll solcher Beispiele. Wenn aber ein Fürst ein Land erwirbt, welches als ein neues Glied mit seinen Besitzungen im alten Staatskörper vereinigt wird, so ist es nothwendig, diese Provinz zu entwaffnen, mit alleiniger Ausnahme derjenigen, die sich bei der Eroberung für ihn erklärt haben. Und auch diese ist es rathsam, mit der Zeit und bei guter Gelegenheit schlaff und weichlich zu machen, und die Sachen so einzurichten, daß alle Soldaten aus dem alten Lande seien. Unter unsern Vorfahren pflegten die Weisesten zu sagen, die Herrschaft müsse über Pistoja durch innere Uneinigkeit, über Pisa durch Festungswerke behauptet werden. Sie unterhielten daher in jener untergebenen Stadt die innern Zwistigkeiten, um sie sicherer zu beherrschen. Dieses mochte zu der Zeit gut sein, als ein gewisses Gleichgewicht in Italien vorhanden war: gegenwärtig aber scheint mir der Rathschlag nicht mehr tauglich. Ich glaube vielmehr, daß aus angestifteten Uneinigkeiten niemals Gutes kommt: vielmehr müssen Städte, die innerlich entzweit sind, bei Annäherung eines Feindes bald fallen; denn der schwächste Theil wird sich immer an den auswärtigen Feind hängen, der andre aber nicht im Stande sein, sich zu behaupten. Diese Ursachen haben, wie es mir scheint, die Venezianer bewogen, die Parteien der Guelfen und Ghibellinen in den ihnen unterworfenen Städten zu unterhalten. Wenn sie es gleich nicht bis zum Blutvergießen kommen ließen, so unterhielten sie doch diese Zwistigkeiten, damit die Bürger beschäftigt und abgehalten würden, sich gegen sie aufzulehnen. Dieses schlug aber nicht so aus, als beabsichtigt war; denn sie waren nicht sobald bei Vaila geschlagen, so faßte eine der Parteien Muth und stürzte die venezianische Herrschaft. Aehnliches Verfahren deutet allemal die Schwäche des Fürsten an. Unter einer kräftigen Herrschaft werden solche Uneinigkeiten nicht gestattet, weil sie nur im Frieden zu etwas nützen können, indem sie dienen, die Unterthanen nach Gefallen zu behandeln; entsteht aber Krieg, so tritt doch zu Tage, wie trüglich eine solche Art zu regieren ist. Ohne Zweifel dient es zur Größe eines Fürsten, Schwierigkeiten und Widerstand zu überwinden. Wenn das Schicksal einen neuen Fürsten, der unstreitig eines guten Rufes mehr bedarf, als ein Erbfürst, groß machen will, so erweckt es ihm Feinde und reizt dieselben zu Unternehmungen gegen ihn, damit er sie zu Schanden mache, und auf der Leiter, die ihm seine Feinde solchergestalt zutragen, noch höher steige. Es haben daher Einige geurtheilt, daß ein weiser Fürst, wofern die Gelegenheit sich darbietet, einige Feinde schlauer Weise anfeuern müsse, um durch ihre Besiegung größer zu werden. Die Fürsten, und insbesondere neue, haben mehr Treue bei denen gefunden, und mehr Nutzen von denen gezogen, die ihnen im Anfang verdächtig waren, als bei denen, die sich gleich anfangs zu ihnen schlugen. Pandolfo Petrucci, Fürst von Siena, regierte seinen Staat mehr durch Jene, als durch die Andern. Aber es ist nicht viel davon zu sagen, weil es allein auf die Umstände ankommt. Ich will nur noch dieses Einzige anführen, daß diejenigen, welche einer Herrschaft anfangs feind waren, wofern sie so beschaffen sind, daß sie sich nicht ohne Unterstützung halten können, vom Fürsten leicht gewonnen werden, und genöthigt sind, ihm treuere Dienste zu leisten; da sie einsehen, daß sie etwas thun müssen, um die nachtheiligen ersten Eindrücke auszulöschen. Der Fürst zieht also von ihnen größern Nutzen, als von denen, welche sich in seinem Dienste ganz sicher halten und daher seine Sache vernachlässigen. Da der Gegenstand es erfordert, darf ich nicht verabsäumen, die Fürsten, die ein Land durch Hilfe ihrer Anhänger unter den Einwohnern erobern, zu erinnern, daß sie wohl erwägen, welche Ursachen jene bewegen haben, es mit ihnen zu halten. Ist dies nicht aus einer natürlichen Zuneigung, sondern blos aus Mißvergnügen mit dem vorigen Zustande der Dinge geschehen, so wird man sie mit aller Mühe schwerlich zu Freunden behalten, weil es beinahe unmöglich ist, sie zufrieden zu stellen. Wenn man alte und neue Geschichten erwägt, so wird man finden, daß es leichter ist, diejenigen zu gewinnen, welche bei dem vorigen Zustande der Dinge zufrieden, und deswegen dem neuen Herrn feind waren, als diejenigen, welche unzufrieden waren und diesen deswegen begünstigten.

Die Fürsten pflegen wol zu ihrer Sicherheit Festungen anzulegen, welche ihnen als Zaum und Gebiß ihrer Gegner dienen, und bei einem Ueberfalle eine Zuflucht für den ersten Anlauf anbieten. Ich kann diese Weise nicht mißbilligen, da es von Alters her so geschehen. Doch hat Herr Nicolo Vitelli zu unsrer Zeit zu Città di Castello zwei Burgen niedergerissen, um diesen Ort zu behaupten. Guid' Ubaldo, Herzog von Urbiuo, zerstörte nach seiner Rückkunft in sein Land, aus welchem ihn Cäsar Borgia vertrieben hatte, alle festen Plätze in demselben, weil er es auf diese Art leichter zu behaupten dachte. Eben so machten es die Bentivogli nach ihrer Rückkehr in Bologna. Festungen sind daher nach Umständen nützlich oder schädlich, und wenn sie auf einer Seite helfen, so schaden sie auf der andern. Dies beruht auf Folgendem: der Fürst, der mehr sein eignes Volk als Fremde zu fürchten hat, muß Festungen anlegen; wer sich aber mehr vor fremden, als vor seinen eignen Leuten fürchtet, unterlasse es. Dem Hause Sforza hat das Castell von Mailand, welches Francesco Sforza erbaut hat, mehr Schaden gethan, als irgend ein andrer Umstand. Die beste Festung ist, seinem Volke nicht verhaßt zu sein; denn wen das Volk haßt, dem helfen Festungen nicht, weil es nie an Fremden fehlt, die dem Volke zu Hilfe kommen, sobald es die Waffen ergriffen hat. Zu unsern Zeiten hat man kein Beispiel gesehen, wo sie einem Fürsten Nutzen gebracht hätten, außer der Gräfin von Forli[21]; welche sich bei einem Volksaufstande nach dem Tode ihres Gemahls, des Grafen Girolamo, dahinein rettete, bis Hilfe von Mailand kommen konnte und sie wieder einsetzte: dabei verstatteten die damaligen Umstände den Fremden nicht, dem aufrührerischen Volke zu Hilfe zu kommen. Nächstdem aber, da Cäsar Borgia sie angriff, und das Volk sich mit Fremden gegen sie verband, diente die Festung zu nichts. Allemal wäre es ihr mehr werth gewesen, von ihrem Volke nicht gehaßt zu werden, als Festungen zu haben. In Erwägung alles dessen will ich gern denjenigen loben, der Festungen anlegt, und den, der keine anlegt; tadle aber denjenigen, der sich darauf verläßt, und deswegen den Haß des Volkes nicht achtet.[22]

21. Wie ein Fürst sich zu betragen hat, um großen Ruhm zu erwerben.

Nichts erwirbt einem Fürsten so viel Achtung, als große Unternehmungen und glänzende Handlungen. Zu unsrer Zeit haben wir den Fernando, König von Arragonien, gegenwärtigen König von Spanien. Derselbe kann gewissermaßen für einen neuen Souverain gelten, weil er aus einem schwachen Fürsten, durch den Ruhm seiner Thaten, zu dem ersten Monarchen der Christenheit geworden. Wenn man seine Handlungen betrachtet, so findet man in allen Größe: einige sind aber ganz außerordentlich. Zu Anfang seiner Regierung griff er Granada an; diese Unternehmung ward der Grund seiner Größe. Anfangs vollführte er sie ganz gemächlich und brauchte nicht zu besorgen, darin gehindert zu werden; beschäftigte damit die castilischen Barone, welche dadurch abgehalten wurden, auf Neuerungen zu Hause zu

---

[21] Catharina, Tochter des Francesco Sforza und Schwester des Ludwig. Ihr Gemahl war Hieronymus Riario, Neffe Papst Sixtus des Vierten.

[22] Eine weitere Ausführung der in diesem Kapitel enthaltenen Gedanken findet man in den *Discorsi* über den Livius im 2. Buche, 24, Kapitel.

denken, und erwarb selbst dadurch unvermerkt großes Ansehn über sie und Ruf. Er war vermögend, seine Armee mit dem Gelde der Kirche und seines Volks zu unterhalten, und legte durch diese langen Feldzüge einen guten Grund zu der Kriegsmacht, welche ihm in der Folge zu so großer Ehre verhalf. Außerdem aber übte er, um zu größeren Unternehmungen schreiten zu können, unter beständigem Vorwande der Religion eine fromme Härte aus, durch Vertreibung der Mauren. Ein schrecklicheres und seltneres Ereigniß gibt es nicht. Unter gleichem Vorwande fiel er in Afrika ein, versuchte einen Feldzug in Italien, griff endlich Frankreich an. So beschäftigte er sich beständig mit großen Entwürfen, welche unaufhörlich seine Unterthanen in der Erwartung ihres Ausganges und in Bewunderung erhielten. Diese seine Handlungen entsprangen eine aus der andern, also, daß gar nicht dazwischen zu kommen, und keine Zeit war, dagegen zu wirken. Ferner ist es einem Fürsten sehr ersprießlich, in der innern Verwaltung auffallende Dinge zu thun, so wie vom Herrn Bernhard von Mailand erzählt wird, als wenn Gelegenheit entsteht, irgend Jemanden wegen außerordentlicher Dinge im Guten oder im Bösen auf solche Art zu belohnen oder zu bestrafen, daß davon viel geredet werde. Vor allen Dingen muß ein Fürst in jeder seiner Handlungen den Ruf des Großen und Hervorstechenden suchen. Noch erweckt es große Hochachtung gegen einen Fürsten, wenn er sich als einen ernstlichen Freund oder Feind beweist: das ist, wenn er ohne alle Bedenklichkeit entschiedene Partei nimmt; dies bringt stets mehr Ruhm, als neutral zu bleiben. Denn wenn zwei mächtige Nachbarn in Streit gerathen, so hast du von dem Sieger etwas zu befürchten, oder nicht. In beiden Fällen ist es besser, hervorzutreten und ernstlich Theil zu nehmen: denn im ersten Falle wird derjenige, der sich nicht bloßgeben wollte, allemal eine Beute des Siegers, zur größten Zufriedenheit des Ueberwundenen, und es bleibt keine andre Zuflucht mehr offen. Denn der Ueberwinder verlangt keine verdächtigen Freunde, die in der Gefahr nicht beistehen. Der Besiegte bietet demjenigen keine Zuflucht an, der in den Zeiten des Kampfes sich geweigert hat, Theil zu nehmen. Antiochus hatte sich von den Aetoliern bewegen lassen, nach Griechenland zu kommen, um die Römer zu bekämpfen. Er schickte Gesandte an die Achäer, welche Freunde der Römer waren, um sie zu bewegen, Zuschauer zu bleiben. Auf der andern Seite redeten ihnen die Römer zu, die Waffen für sie zu ergreifen. Als dies in der Versammlung der Achäer zur Berathung kam, so antwortete der römische Gesandte dem Botschafter des Antiochus, der zur Neutralität mahnte, Folgendes: »Wenn es Euch als der beste und nützlichste Ausweg empfohlen wird, neutral zu bleiben, so bedenket, daß Euch nichts Nachtheiligeres angegeben werden könnte; denn wenn Ihr am Kriege keinen Theil nehmet, so werdet Ihr ohne Dank und ohne Ehre eine Beute des Siegers werden.« Es wird immer so kommen, daß derjenige, der mit dir nicht gut steht, dich ersuchen wird, neutral zu bleiben; der Andre aber wird dich bitten, ihn zu schützen. Unentschlossene Fürsten schlagen meistentheils diesen Weg der Neutralität ein und gehen auch meistentheils darüber zu Grunde. Macht aber ein Fürst ernstlich gemeine Sache mit einem Theile, und dieser trägt den Sieg davon, so bleibt er freilich abhängig von demselben, jedoch sind die Fäden der Dankbarkeit angeknüpft, und die Menschen sind nicht so verrätherisch, daß sie die Undankbarkeit bis dahin treiben sollten, ihren Anhänger sogleich zu unterdrücken. Auch ist der Sieg selten so vollständig, daß der Sieger nicht allerlei Rücksichten nehmen müßte und vorzüglich auf die Gerechtigkeit. Wenn aber der Theil, zu dem du dich geschlagen hast, unterliegt, so steht er dir doch bei, und du hast einen Freund, mit dessen Beihilfe du vielleicht wieder emporkommen kannst. Im zweiten Falle, da die streitenden Parteien einander so gleich sind, daß vom Sieger nichts zu fürchten ist, so ist es so viel klüger, Partei zu nehmen, weil sonst Einer zu Grunde gerichtet wird, dem ein kluger Zuschauer vielmehr beistehen würde; siegt er, so behältst du ihn in Händen, und es ist fast unmöglich, daß derjenige, dem du beistehst, nicht den Sieg davontrage. Hier ist noch bemerkenswerth, daß ein Fürst sich niemals mit einem Mächtigern verbinden muß, um über einen Dritten herzufallen, außer im Falle der Noth. Denn wenn er siegt, so bist du in seiner Gewalt: dies ist aber vor allen Dingen zu vermeiden. Die Venezianer verbanden sich mit Frankreich gegen den Herzog von Mailand; dies geschah unnöthiger Weise, und sie gingen darüber zu Grunde. Wenn es aber unvermeidlich ist, so wie mit den Florentinern der Fall war, als der Papst und die Spanier die Lombardei überzogen, alsdann muß man freilich wol diesen Entschluß nehmen. Kein Staat glaube jemals mit Sicherheit auf etwas zählen zu können, sondern rechne beständig auf die Ungewißheit aller Dinge: denn die Welt ist so beschaffen, daß man allemal einer Unbequemlichkeit entgeht, in eine andre aber hineingeräth. Die Klugheit besteht darin, unter ihnen auszuwählen, und die geringste auszusuchen. Ferner noch muß ein Fürst Liebe zu ausgezeichneten Eigenschaften beweisen und vorzügliche Männer in jedem Fache ehren. Er muß seine Bürger anfeuern, daß sie sich ernstlich in ihrem Gewerbe anstrengen, sei es im Handel oder dem Ackerbau, oder anderm Gewerbe; daß sie nicht fürchten, das, was sie erworben, zu genießen; ihre Besitzungen, aus Furcht sie zu verlieren, vernachlässigen; aus Furcht vor neuen Steuern den Handel liegen lassen. Vielmehr muß er Jeden dazu aufmuntern, und denjenigen, der der Stadt oder dem Staate auf irgend eine Art förderlich ist, belohnen. Sein Volk muß er zu den gehörigen Zeiten im Jahre mit Festlichkeiten und Schauspielen beschäftigen, und da jede Stadt aus Zünften besteht, diese ehren, ihren Zusammenkünften zu schicklichen Zeiten beiwohnen, sich menschenfreundlich und freigebig beweisen, dabei aber seine Würde in allen Dingen behaupten, welche niemals vernachlässigt werden darf.

22. Von den Ministern.

Die Wahl der Räthe ist keine der geringsten Angelegenheiten eines Fürsten und fällt gut oder schlecht aus, nachdem er wohl überlegt oder nicht. Man urtheilt zunächst über ihn und über seinen Verstand, nachdem die Personen beschaffen sind, die ihn umgeben. Sind sie der Sache gewachsen und getreu, so wird er immer für einen weisen Mann gelten, weil er sie für das erkannte, was sie waren, und sie treu zu erhalten wußte. Ist das nicht, so kann man über ihn kein günstiges Urtheil fällen, wenn er in dieser ersten Angelegenheit Fehler begeht. Wer nur den Antonio von Venairo, den Minister des Pandolfo Petrucci, Fürsten von Siena kannte, mußte diesen für einen Mann von Verstand halten, weil er jenen zu seinem Minister erwählte. Es gibt drei Arten von Köpfen. Die erste sieht Alles von selbst ein; die zweite begreift es, wenn Andre die Sache darlegen; die dritte sieht nichts ein, weder von selbst, noch durch die Bemühungen Andrer. Die ersten sind die vorzüglichsten, die zweiten sind noch immer vortrefflich, die letzte Art ist aber zu nichts nutze. Pandolfo gehörte nicht zu der ersten, wol aber zu der zweiten Classe; denn wer nur den Verstand hat, Gutes und Schlechtes, was Andre sagen und thun, zu unterscheiden, kann, wenn er schon selbst keinen erfinderischen Geist besitzt, die Handlungsweise seiner Minister beurtheilen, tüchtige erheben und andre züchtigen; kein Minister kann ihn hintergehen, und er erhält sich. Minister zu beurtheilen, dazu ist Folgendes ein untrügliches Mittel. Sieht man, daß einer mehr an sich als an seinen Herrn denkt, und in allen seinen Handlungen seinen persönlichen Vortheil vor Augen hat, der wird nie ein guter Rathgeber sein, noch kann man ihm trauen. Denn wer einmal die Angelegenheiten einer Regierung in Händen hat, muß nicht mehr an sich denken, sondern an seinen Fürsten, und Alles in Beziehung auf diesen betrachten. Auf der andern Seite muß der Fürst wieder an ihn denken, ihm Ehre und Reichthum zuwenden, ihn sich verbinden, an der Ehre und der Führung der Geschäfte Theil nehmen lassen, so daß er sehe, er könne ohne den Fürsten nicht bestehen, und so viel Auszeichnung habe, daß er nicht nach höherer strebe; des Reichthums so viel, daß er nicht noch mehr begehre; und in so hohen Aemtern stehe, daß er jede Staatsveränderung fürchten muß. Wenn Minister so beschaffen sind und von den Fürsten *so* behandelt werden, dann können beide einander trauen; sonst aber wird es sicher mit dem Einen oder Andern ein schlechtes Ende nehmen.

23. Schmeichler sind zu fliehen.

Ein Kapitel von größter Wichtigkeit kann ich nicht übergehen, da es einen Fehler betrifft, den die Fürsten selten vermeiden, wenn sie nicht sehr viel Verstand haben und nicht gut zu wählen wissen. Dies behandelt nämlich die Schmeichler. Es gibt gar kein anderes Mittel, um sich gegen die Schmeichelei zu sichern, als wenn man zeigt, das man die Wahrheit hören kann, ohne dadurch beleidigt zu werden: darf aber Jeder dir die Wahrheit sagen, so verletzt er die Ehrfurcht. Ein kluger Fürst muß daher einen dritten Weg einschlagen, gescheidte Leute auswählen, diesen allein erlauben, ihm die Wahrheit zu sagen, aber doch nur über die Gegenstände, darüber er sie befragt; er muß sie aber über Alles befragen, ihre Meinung hören und dann selbst seine Entschließung fassen. Mit diesen Rathgebern muß er sich so benehmen, daß Jeder sieht, er werde desto mehr Gehör finden, je freimüthiger er spricht. Außer diesen aber muß er Niemand hören, beschlossene Sachen nicht wieder besprechen und von gefaßten Beschlüssen nicht zurückgehen. Wer es anders macht, wird entweder durch die Schmeichler ins Verderben gestürzt, oder wird über der Mannichfaltigkeit der Ansichten, über das öftere Wanken in seinen Entschlüssen verächtlich. Ich will hiervon ein Beispiel aus der neuesten Geschichte anführen. Pater Luca, ein Vertrauter Kaiser Maximilians, sagte von diesem, er ziehe Niemanden zu Rathe und handle doch niemals nach seinem eignen Sinne: welches daher rühre, daß er das Gegentheil von dem zu thun pflege, was hier oben angegeben ist; der Kaiser sei nämlich ein verschlossener Mann, eröffne Niemandem seine Gedanken und frage Niemanden um seine Meinung. Aber wenn er anfängt, seine Entwürfe ins Werk zu richten, und sie sich entwickeln, so finden sie auch Widerspruch bei seinen Umgebungen; und da er selbst von nachgibigem Charakter sei, lasse er sich leicht davon abbringen. Was er an einem Tage angefangen, vernichte er am folgenden wieder. Man könne daher nie daraus klug werden, was er vorhabe, und könne auf seine Beschlüsse nicht bauen. Ein Fürst muß sich also beständig berathen: aber das, wenn Er es will, nicht wenn Andre wollen; er muß Jedem den Muth nehmen, ihm ungefragt Rath zu ertheilen; er muß aber häufig fragen und alsdann den freimüthigen Vortrag der Wahrheit gern hören, und vielmehr noch zürnen, wenn Jemand sie ihm aus Nebenursachen vorenthält. Es glauben wol Einige, daß manche Fürsten, welche den Ruf großer Klugheit erworben haben, denselben nicht ihrem eignen Verstande, sondern den guten Rathschlägen Andrer verdanken; aber diese irren unstreitig: denn es ist eine ganz allgemeine Regel ohne Ausnahme, daß ein Fürst, der selbst keinen Verstand hat, auch nicht guten Rath annehmen kann, es sei denn, daß er zufälligerweise ganz und gar von einem einzigen, und zwar von einem sehr gescheidten Manne regiert würde. In diesem letzten Falle kann er wol gut geleitet werden; es dauert aber nicht lange: denn ein solcher Rathgeber wird ihn bald selbst stürzen. Ein Fürst, dem es an Weisheit fehlt und der Mehrere befragt, wird nie übereinstimmende Rathschlage erhalten, und sie eben so wenig selbst in Uebereinstimmung bringen. Jeder seiner Rathgeber wird immer auf seine eigne Sache denken, und der Fürst wird sie weder kennen, noch in Ordnung halten, Rathgeber, die es anders machen, sind nicht zu finden, denn die Menschen sind ihrer Natur nach schlecht, wenn sie nicht durch Noth gezwungen werden, gut zu handeln. Mit Einem Worte: Gute Rathschläge, sie mögen herrühren von wem sie wollen, müssen von der Klugheit des Fürsten veranlaßt werden. Durch gute Rathschläge wird kein Fürst klug gemacht.

24. Wie die Fürsten Italiens ihre Herrschaften verloren haben.

Wenn alles bisher Ausgeführte gut beobachtet wird, so wird ein neuer Fürst einem alten gleich und wird geschwind so sicher und fest in seiner Herrschaft, als wenn er darin aufgewachsen wäre. Denn die Handlungen eines neuen Fürsten werden weit mehr beachtet, als eines Erbfürsten. Erkennt man darin große Vorzüge, so gewinnt dieses die Menschen, und er erwirbt sich eine größere Anhänglichkeit, als ein altes Geschlecht; denn die Menschen sind viel mehr mit dem Gegenwärtigen, als mit vergangenen Dingen beschäftigt; befinden sie sich wohl, so sind sie damit zufrieden und verlangen nichts Anderes, nehmen auch ernstlich die Partei des Fürsten, wenn er nur sich selbst nicht im Stiche läßt. Auf diese Art erwirbt er doppelten Ruhm, indem er eine neue Herrschaft gegründet, zu Ehren gebracht, mit guten Gesetzen, tüchtiger Kriegsmacht, Freunden und gutem Beispiel für Andre versehen hat. Dagegen trifft doppelte Schande den Fürsten, der eine alte Herrschaft durch Unverstand verliert. Wenn man aber die Geschichte derjenigen italienischen Fürsten betrachtet, welche zu unsrer Zeit ihre Staaten verloren haben, wie den König von Neapel, den Herzog von Mailand und Andre; so wird man zuerst einen gemeinsamen Fehler finden, in den sie hinsichtlich der Kriegsmacht gefallen sind: aus den oben aus einander gesetzten Ursachen. Ferner wird man finden, daß einer oder der andere von ihnen das Volk zum Feinde gehabt, oder wenn er das Volk zum Freunde hatte, sich der Großen nicht versichern konnte. Ohne solche Fehler geht keine Herrschaft verloren, welche mächtig genug ist, ein Heer ins Feld stellen zu können. Philipp von Macedonien, nicht der Vater Alexanders des Großen, sondern derjenige, welchen Titus Quintius überwand, hatte keinen großen Staat im Vergleich mit den Römern und Griechen, die ihn angriffen; dennoch hielt er es manches Jahr mit ihnen aus, weil er kriegerischen Geist hatte, das Volk zu behandeln verstand und sich der Großen zu versichern wußte. Wenn er auch eine und die andre Stadt verlor, so behauptete er sich doch in seinem Königreiche. Unsre Fürsten, welche eine lange Jahre hindurch besessene Herrschaft verloren haben, mögen also nur nicht das Schicksal anklagen, sondern ihre eigne Feigheit; denn wenn sie in ruhigen Zeiten nie darauf gedacht haben, daß diese sich ändern können – der gewöhnliche Fehler der Menschen, bei gutem Wetter nicht an den Sturm zu denken – und alsdann, wenn schlimme Umstände eintreten, nicht darauf denken, sich zu vertheidigen, sondern entfliehen und hoffen, daß die Völker sie aus Ueberdruß der Sieger wieder zurückrufen sollen; so ist das ganz gut, wenn gar kein andrer Weg eingeschlagen werden kann: aber es ist sehr übel, andre Wege zu vernachlässigen und diesen vorzuziehen. Kein Mensch wird je muthwillig fallen, in Hoffnung, daß ein Andrer ihm wieder aufhelfen werde. Mag das nun wirklich geschehen oder nicht, so ist es immer höchst unsicher. Es hängt nicht von uns ab und ist ein niedriges Mittel. Nur diejenige Verteidigung ist gut, sicher, dauerhaft, welche von uns selbst und unsrer eignen Tapferkeit abhängt.

25. Welchen Einfluß das Glück auf die Angelegenheiten der Menschen hat.

Ich weiß wohl, daß Viele ehedem die Meinung gehegt haben und noch jetzt hegen, die Begebenheiten der Welt würden solchergestalt vom Glücke und von Gott regiert, daß die Menschen mit aller Klugheit sie nicht verbessern und nichts dagegen ausrichten könnten. Daraus könne man abnehmen, daß es nicht der Mühe werth sei, viel einzufädeln, sondern daß man sich nur dem Schicksale hingeben möge. Diese Meinung hat in unsern Tagen durch die großen Veränderungen, die Alles erlitten hat, die man noch täglich sieht, und welche alle menschlichen Vermuthungen zu Schanden machen, viel gewonnen. Indem ich hierüber nachgedacht, bin ich zu Zeiten geneigt gewesen, mich zu derselben Meinung zu bekennen. Weil aber doch der menschliche freie Wille damit in Widerspruch steht, so urtheile ich, daß das Glück wol die Hälfte aller menschlichen Angelegenheiten beherrschen mag; aber die andre Hälfte, oder doch beinahe so viel, uns selbst überlassen müsse. Ich vergleiche das Glück mit einem gefährlichen Flusse, der, wenn er anschwillt, die Ebene überschwemmt, Bäume und Gebäude umstürzt, Erdreich hier fortreißt, dort ansetzt. Jedermann flieht davor und gibt nach; Niemand kann widerstehen. Dennoch können die Menschen in ruhigen Zeiten Vorkehrungen treffen, mit Deichen und Wällen bewirken, daß der Fluß bei hohem Wasser in einem Canale abfließen muß, oder doch nicht so unbändig überströmt und nicht so viel Schaden thut. In gleicher Art geht es mit dem Glücke, welches seine Macht zeigt, wo keine ordentlichen Gegenanstalten gemacht sind, und sich mit Ungestüm dahin kehrt, wo keine Wälle und Dämme vorhanden sind, es im Zaume zu halten. Wenn man Italien betrachtet, welches der Sitz dieser großen Umwälzungen gewesen ist, so wird man ein ebenes Feld finden, ohne Wälle und Dämme, Wäre dieses Land durch hinlängliche Kriegstugend vertheidigt, so wie Deutschland, Frankreich und Spanien, so hätten jene Überschwemmungen keine solchen Umwälzungen hervorgebracht, oder wären gar nicht eingetreten. So viel im Allgemeinen vom Widerstande gegen das Schicksal. Nunmehr der Sache näher zu treten, sage ich, daß man einen Fürsten heute im Wohlstande, morgen zu Grunde gehen sieht, ohne daß er seine Natur im Geringsten verändert habe. Dies scheint mir zuerst von den Ursachen herzurühren, die ich oben ausführlich erörtert habe: nämlich, daß ein Fürst, der sich ganz auf das Glück verläßt, zu Grunde gehen muß, sobald dieses sich dreht. Ferner glaube ich, daß es dem gut gehe, der in seiner Handlungsweise mit dem Geiste der Zeit zusammentrifft, und daß derjenige verunglücken müsse, der mit den Zeiten in Widerspruch geräth. Denn man sieht die Menschen ihre Zwecke, die sich ein jeder vorgesetzt hat, es sei nun solches Ehre und Ruhm oder Reichthum, auf verschiedene Art verfolgen. Einer mit Vorsicht, der andre mit Ungestüm; einer mit Gewalt, der andre mit List; einer mit Geduld, der andre auf entgegengesetzte Art, und jeder kann auf seine Weise dazu gelangen. Man sieht zwei gleich vorsichtige: einem gelingt es, dem andern nicht. Ebenfalls gelingt es zwei verschiedenen gleich gut, von denen der eine vorsichtig, der andre ungestüm zu Werke geht. Dies rührt lediglich von der Verschiedenheit der Umstände her, welche mit der Art zu verfahren übereinstimmen oder nicht. Daher kommt, was ich gesagt habe, daß zwei entgegengesetzte Verfahrungsarten zu dem gleichen Zwecke führen; und daß von zweien, die auf gleiche Art verfahren, doch einer das Ziel erreicht, der andre es verfehlt. Eben daher kommen die Abwechselungen des Glücks; denn wenn Jemand sich mit Vorsicht und Besonnenheit und Geduld benimmt, dazu die Umstände wohl übereinstimmen, so geht Alles gut von Statten. Aendern sich Zeiten und Umstände, so geht er zu Grunde, wenn er sein Betragen nicht ebenfalls ändert. Es findet sich aber nicht leicht ein so verständiger Mann, nach dem er sich zu richten vermöchte; theils weil er nicht gegen seine natürliche Neigung handeln kann; theils weil derjenige, dem es auf einem gewissen Wege bis dahin gelungen ist, sich nicht überzeugen kann, daß es gut sei, denselben nunmehr zu verlassen. So geht es dem vorsichtigen Manne. Wenn es Zeit ist, dreist darauf los zu gehen, so vermag er dies nicht, und muß also zu Grunde gehen. Hätte er seine Gemüthsart mit den Zeiten und Umständen geändert, so hätte das Schicksal sich nicht geändert. Papst Julius der Zweite ging in allen Dingen mit Ungestüm zu Werke, und die Zeitumstände stimmten dazu so gut, daß er immerfort glücklich war. Man erwäge nur seine erste Unternehmung gegen Bologna, als Giovanni Bentivoglio noch lebte. Die Venezianer waren damit nicht zufrieden: der König von Spanien sowol als der von Frankreich dachten selbst auf eine solche Unternehmung. Dennoch griff er mit seinem gewöhnlichen Ungestüme die Sache an, und zwar persönlich. Dieser kühne Schritt hielt Venedig und Spanien zurück; jenes aus Furcht, dieses durch die Begierde, das ganze Königreich Neapel zu erobern. Aus der andern Seite zog der Papst den König von Frankreich in sein Interesse, indem der König sah, daß der Papst einmal zugeschlagen hatte; und da er selbst die Venezianer zu demüthigen wünschte, so glaubte er jenen nicht durch Verweigerung der Hilfstruppen offenbar beleidigen zu dürfen. Julius brachte also durch seine ungestümen Bewegungen zu Stande, was niemals ein andrer Papst durch alle menschliche Klugheit ausgerichtet hätte. Hätte er gezaudert, von Rom auszubrechen, bis Alles gehörig bestellt und alle Anstalten vorläufig getroffen wären, so wie andre Päpste es gemacht hatten, so wäre es ihm nicht gelungen. Denn der König von Frankreich hätte tausend Entschuldigungen gefunden, und die Andern hätten ihm tausend Besorgnisse erregt. Ich übergehe alle seine andern Handlungen, welche insgesammt dieser ähnlich sind und alle gelangen. Die Kürze seines Lebens hat nicht verstattet, daß er ein feindliches Schicksal erfuhr. Wären aber Umstände eingetreten, die ein vorsichtiges Betragen erheischten, so wäre auch Er zu Grunde gegangen, weil er seinen natürlichen Charakter in seiner Handlungsweise nicht würde haben verläugnen können. Ich schließe also, daß, da die Glücksumstände veränderlich sind, die Menschen aber bei ihrer Weise eigensinnig beharren, es diesen nur so lange gut geht, als Beides mit einander übereinstimmt; sobald aber Disharmonie darin eintritt, Alles mißglücken muß. So viel ist indessen wahr, daß allemal besser ist, muthig darauf los zu gehen, als bedächtig; denn *das Glück ist ein Weib, und wer dasselbe unter sich bringen will, muß es schlagen und stoßen.* Es läßt sich eher von dem, der es so behandelt, unterjochen, als von dem, der ruhig und kalt zu Werke geht. Deswegen ist es auch als ein ächtes Weib den jungen Leuten gewogen, weil sie weniger bedächtig sind, muthiger und dreister ihm befehlen.[23]

26. Aufruf, Italien von der Fremdherrschaft zu befreien.

Erwägt man nun alles bisher Vorgetragene und überlegt mit mir, ob augenblicklich wol in Italien die Zeitverhältnisse so sind, daß man einen neuen Fürsten zu Ehren bringen und daß ein tapferer und besonnener Mann eine neue Verfassung schaffen könnte, die ihm selbst zum Ruhme gereiche und der Nation Vortheil brächte, so scheinen mir jetzt so viele Umstände zusammenzukommen, daß nie ein günstigerer

---

[23] Vorzüglich wahre Sentenz!

Zeitpunkt dazu vorhanden war. Wie gesagt, die Künste des Moses konnten sich nicht entwickeln, wenn die Juden nicht in der Dienstbarkeit Egyptens gewesen wären; die Größe des Cyrus wäre nicht erkannt, wenn die Perser nicht von den Medern vorher unterdrückt wären; den Theseus berühmt zu machen, mußten die Athenienser zu seiner Zeit zerstreut leben; und so mußte auch, damit ein italienischer hoher Geist sich zeigen könne, Italien so tief sinken, sklavischer werden, als die Juden je gewesen sind, unterdrückter als die Perser, zerstreuter als die Athenienser, ohne Kopf, ohne Ordnung, geschlagen, ausgeplündert, zerrissen, überrannt, – das italienische Volk mußte auf alle Weise zu Grunde gerichtet sein. Und wenn sich gleich bis daher in Einem oder Anderm einiger Schein gezeigt hat, als ob er von Gott dazu berufen sei, Italien zu erlösen, so sind solche doch im Verfolge der Begebenheiten durch das Schicksal so zurückgeworfen, daß Italien noch immer wie todt daliegt und auf den harrt, der es von den erlittenen Schlägen herstellen, den Plünderungen und Verheerungen der Lombardei, dem Aussaugen und Erpressungen des römischen Gebietes und Königreichs Neapel ein Ende machen, und die durch die Länge der Zeit so tief hinein brandig gewordenen Wunden heilen wird. Seht, wie das Volk zu Gott ruft, er möge Jemand senden, der es von der Grausamkeit und dem Uebermuthe der Barbaren erlöse! Seht, wie geneigt es ist, der Fahne zu folgen, wenn nur Jemand da wäre, der sie aufpflanzte. Es ist aber jetzt Niemand zu finden, auf den man hoffen dürfte, außer in eurem erlauchten Hause, welches durch seine hohen Eigenschaften und durch seinen Glücksstern[24] (unter Begünstigung Gottes und der Kirche, an deren Spitze euer Geschlecht gegenwärtig steht) Anführer der Befreiung werden könnte. Dies wird euch nicht schwer werden, wofern ihr nur die von mir vorgehaltenen Beispiele vor Augen behaltet. Und obwol diese von seltnen und bewunderungswürdigen Männern herrühren, so waren sie doch auch Menschen: die Gelegenheit aber nie so günstig als gegenwärtig; denn ihre Unternehmungen waren weder gerechter noch leichter, noch auch hat sich Gott ihnen günstiger bewiesen als euch. Hier ist gerechte Sache: denn dieser Krieg ist gerecht, nothwendig. Hier sind fromme Waffen: deswegen hoffet auf nichts Anderes, als auf sie. Alles ist dazu vorbereitet, und mithin kann es keine großen Schwierigkeiten haben, wenn man nur die von mir aufgestellten Beispiele zum Muster nimmt. Außerdem sind Zeichen und

---

[24] Nardi erzählt im 6. Buche seiner Geschichte von Florenz, daß die Astrologen dem Papste Leo X. in den ersten Monaten seiner Regierung vorhergesagt haben, sein Bruder Giuliano (der als Herzog von Nemours starb) werde König von Neapel, und sein Neffe Lorenzo Herzog von Mailand werden.

Wunder geschehen ohne Beispiel, und die von Gott kommen; das Meer hat sich aufgethan, eine Wolke hat euch den Weg gezeigt, ein Fels hat Wasser ergossen, Manna ist geregnet: Alles hat sich vereinigt zu eurer Größe; das Uebrige müßt ihr selbst thun. Gott thut nicht Alles, um der Freiheit des menschlichen Willens keinen Eintrag zu thun, und uns den Theil des Ruhmes zu lassen, der unsre Handlungen angeht. Auch ist es nicht zu verwundern, wenn keiner von oben gedachten Italienern das hat leisten können, was man von eurem erlauchten Hause hoffen darf, und wenn es in so vielen Umwälzungen von Italien und so vielen kriegerischen Unternehmungen den Anschein gehabt hat, als sei alle kriegerische Tugend erloschen. Dies beweist nur, daß die alten Anordnungen nichts taugten, und bisher Niemand neue zu erdenken gewußt hat. Nichts bringt einem neu aufsteigenden Helden mehr Ehre, als die Erfindung neuer Gesetze und neuer Anordnungen. Sind diese gut begründet und ist darin eine gewisse Größe, so erwerben sie ihm Verehrung und Bewunderung, und es fehlt in Italien nicht an Materie zu jeder neuen Gestalt. Kraft genug ist in den Gliedern, wenn sie nur nicht in den Köpfen gefehlt hätte. Die Zweikämpfe und einzelnen Gefechte unter wenigen Personen beweisen, wie viel Ueberlegenheit die Italiener in Kraft, Geschicklichkeit und Verstand besitzen. So wie sie aber in ganzen Heeren zusammen erscheinen, so sieht man nichts mehr davon; Alles liegt nur au der Schwäche der Häupter, denn die es besser wissen, gehorchen nicht; Jedermann aber will es so gut wissen als der Andre, da bis jetzt noch Niemand aufgestanden ist, der Ueberlegenheit genug in Tugend und Glück gezeigt hätte, daß die Andern ihm hätten weichen müssen. Daher kommt es denn, daß seit zwanzig Jahren kein einziges Heer etwas ausgerichtet hat, welches aus bloßen Italienern bestand. Das beweisen die Schlachten am Taro, Alexandrien, Capua, Genua, Vaila, Bologna, Mestri. Wenn also euer erlauchtes Haus das Beispiel derer nachahmen will, die ihr Vaterland befreit haben, so ist vor allen Dingen nöthig (worauf ja jede Unternehmung beruht), eigne Mannschaft anzuwerben, weil es keine treueren, ächteren und besseren Soldaten gibt. Wenn gleich jeder Einzelne für sich gut ist, so werden sie zusammengebracht noch besser, sobald sie von ihrem eigenen Fürsten angeführt sind und sich von demselben geehrt und gut behandelt sehen. Es ist also nöthig, sich auf diese Art zu rüsten, um sich mit italienischer Tapferkeit gegen die Fremden zu vertheidigen. Und obgleich die schweizerischen und spanischen Fußvölker für furchtbar gelten, so haben doch beide ihre Fehler, die einem Dritten Gelegenheit zum Widerstande und Hoffnung geben, sie zu besiegen. Denn die Spanier können den Angriff der Reiterei nicht aushalten, und die Schweizer geben dem Fußvolke nach, wenn sie auf solches stoßen, das eben so hartnäckig im Gefechte ist, als sie selbst. Die Erfahrung hat dieses bewiesen; die Spanier können eine französische Reiterei nicht abhalten; die Schweizer unterliegen spanischem Fußvolke. Von dem letzten haben wir noch keine vollständig« Erfahrung: jedoch hat sich ein Probestückchen davon in der Schlacht bei Ravenna gezeigt, als die Spanier mit deutschen Truppen zusammentrafen, welche dieselbe Art zu fechten haben wie die Schweizer. Die Spanier drangen nämlich durch die Gewandtheit des Körpers und durch Hilfe ihrer kleinen Schilder tief auf sie ein, unter ihre Piken, und waren dabei im Angriffe gedeckt, ohne daß die Deutschen sich gegen sie wehren konnten. Wäre die Reiterei nicht dazu gekommen, so waren sie Alle verloren. Da man also die Mängel jener Mannschaft zu Fuß erkannt hat, so kann gegenwärtig eine neue Einrichtung derselben eingeführt werden, welche der Reiterei zu widerstehen vermag und andres Fußvolk nicht zu fürchten braucht. Dieses wird nicht durch die Beschaffenheit der Waffen, sondern durch Stellung und Anordnung der Mannschaft bewirkt werden. Dieses sind die Erfindungen, welche einen neuen Fürsten groß machen und seinen Ruhm gründen. Die gegenwärtige Gelegenheit möge also nicht vorübergehen, damit Italien endlich nach so langer Zeit seinen Erretter sehe. Ich vermag es nicht auszudrücken, mit welcher Begierde ihn alle Länder aufnehmen würden, die so viel von den fremden Überschwemmungen gelitten haben; mit welchem Durste nach Rache, welcher unüberwindlichen Treue, welcher frommen Liebe; wie viel Thränen für ihn fließen würden! Welche Thore würden wol ihm verschlossen werden? Welches Volk könnte es versagen, ihm zu gehorchen? Wie dürfte der Neid sich gegen ihn regen? Welcher Italiener könnte sich weigern, ihm zu folgen? Einen Jeden ekelt diese fremde Herrschaft an! So ergreife denn euer erlauchtes Haus den Entschluß, mit dem guten Muthe und der Hoffnung, womit gerechte Unternehmungen angefangen werden, damit das Vaterland unter seinen Fahnen wieder geadelt werde, und die Prophezeiung des Petrarca eintreffe:

»Die Tugend wird gegen die wilde Wuth in Waffen treten und das Gefecht bald entschieden sein; denn die alte Tapferkeit ist in der Brust der Italiener auch heute noch nicht erstorben!«

Erläuterungen.
I.

Charakteristisch für den Standpunkt des Verfassers sind sogleich die ersten Worte. Ein heutiges politisches Handbuch würde etwa beginnen: »Die Verfassungen der Völker im staatsbürgerlichen Vereine«. Dagegen heißt es hier: »Die Gewalten, welche Herrschaft über die Menschen ausüben«. Dieser Herrschaft setzt Macchiavelli die Freiheit entgegen, wie die Griechen und Römer Tyrannei und Republik einander entgegensetzten. Aber in seinen Betrachtungen über die Republik (*Discorsi sul Livio*) ist eben sowol als im Buche vom Fürsten nur von der Befriedigung des Ehrgeizes und der Herrschsucht, hier des Einzelnen, dort der Partei, die im Staate regiert, und den äußern Verhältnissen die Rede. Nach einer von Simonde Sismondi am Schlüsse seiner Geschichte der italienischen Republiken vortrefflich ausgeführten Bemerkung sind in diesem Gemeinwesen des Mittelalters, wie in den griechischen und römischen, die Ideen von Freiheit und Unabhängigkeit nur auf diese äußern Verhältnisse und nicht auf den einzelnen Bürger angewandt, auch nur der herrschenden Mehrzahl zu Gute gekommen; während dagegen der Genuß der Freiheit und des Vermögens jedes Einzelnen, so weit dies Alles mit der Ordnung des Ganzen vereinbar ist, den Hauptgegenstand der politischen Speculation unserer Zeit ausmacht. An dieser für das menschliche Geschlecht sehr wohlthätigen Veränderung hat die Neigung zu metaphysischen Speculationen unverkennbar großen Antheil, und das darf bei der Beurtheilung des Zeitgeistes im achtzehnten Jahrhunderte nicht übersehen werden. Die Entwickelung abstracter Begriffe über die Rechte der Menschen in der bürgerlichen Gesellschaft erregt meistentheils bei denen, die die wirkliche Welt im Auge haben, nur ein mitleidiges Lächeln. Allerdings gehen aus dem Spiele mit abstrakten Begriffen oft Theorien hervor, die auf Nichts anwendbar sind, und diese haben unsinnige und verderbliche Unternehmungen erzeugt. Aber die Versuche wesentlicher Verbesserungen der rechtlichen Verhältnisse im Staate, mit denen sich unser Zeitalter so ernstlich beschäftigt, erhalten durch die sorgfältige Prüfung und Sonderung allgemeiner Begriffe eine bestimmte Richtung. Wir verdanken daher der Metaphysik wirklich weit mehr, als diejenigen glauben, welche sich mit der Verbesserung der Gesetze beschäftigen und sich des Einflusses der ihnen verhaßten oder von ihnen verachteten Systeme abstracter Begriffe auf ihre eignen Arbeiten nicht bewußt sind.

2.

Dies Kapitel zeigt kurz die Vortheile, die es dem gebornen Fürsten so leicht machen, sich zu erhalten, so lange nicht ein Sturm von außen sich erhebt, der alle Berechnungen der Politik zu Schanden macht. Betrachten wir kurz die Ursachen, welche solche Katastrophen herbeizuführen im Stande sind.

Wenn es den erblichen Regenten so leicht ist, sich gegen innere Gefahren zu sichern, warum werden sie so oft ein Raub äußerer Feinde, denen zu widerstehen die Kräfte des Staates doch noch wol zureichten? – Weil sie diese Kräfte so wenig gebrauchen. Eben weil es so leicht scheint, und wirklich so leicht ist, eine angeerbte Herrschaft zu behaupten, so schläfert das Bewußtsein dieser Sicherheit ein. Die Fürsten werden sorglos, indem sie sehen, wie das Volk ihnen anhängt, und daß es ihnen anhängen muß. Ihre Rathgeber wissen es nur zu gut, daß Alles, was den Menschen werth ist, die Sicherheit des Eigenthums und die Erhaltung aller gewohnten Verhältnisse, mit demjenigen steht und fällt, der das oberste Glied der Kette in der Hand hält. Hierauf verlassen sie sich. Aber alle moralischen Bande unter den Menschen sind gegenseitig. Das Volk erkennt mit seinem geraden Sinne und unverdorbener Empfindung, daß es seiner Obrigkeit unterthan sein müsse, um frei zu leben und das Seinige sicher zu genießen. Die Religion heiligt dieses Verhältniß durch die Lehre, daß alle Ordnung von Gott kommt, der diejenigen eingesetzt hat, die sie handhaben. Aber die Großen und ihre Rathgeber, welche nichts empfinden, was der rechtlichen Denkungsart des Volks entspricht, verkennen ihren Gehalt. Sie halten die Anhänglichkeit desselben, worin ihre eigne größte Stärke liegt, für Eigennutz, und verachten sie als Beweise einer knechtischen Gemüthsart. Daher dürfen sie es denn auch nicht wagen, ihre Unterthanen in der Gefahr mit Bewegungsgründen aufzufordern, die ihr eignes Betragen für leere Worte erklärt hat.

Die Anhänglichkeit eines Volkes an das Haus seiner Fürsten beruht auf Ueberlieferungen der Ahnen: sie ist mit der Liebe zu alten ererbten Einrichtungen zu der Verfassung und den Maximen der Verwaltung, die dem ganzen Stamme des Volkes und seiner Häupter eigen sind, innigst verwebt. Wer mit diesen tief gegründeten Verhältnissen willkürlich spielt, zerstört den Grund, auf dem die Sicherheit des Staates und der regierenden Familie beruht. Es kann der Eitelkeit schmeicheln, Einrichtungen des Staates nach Gefallen abzuändern und seinen eignen Willen an die

Stelle alles dessen zu setzen, was auf die Einsichten und die Autorität einer Reihe von Geschlechtern gegründet war. Wenn aber der Sinn des ganzen Volkes widerstrebt, so entstehen Schwierigkeiten, die der Kraft des mächtigsten Herrschers unüberwindlich sind. Bricht der allgemeine Unwille in offenbaren Widerstand aus, so ist die größte Kriegsmacht nicht immer vermögend, ihn zu überwältigen. So verlor Joseph der Zweite Belgien, als er die alten politischen und religiösen Ordnungen mit einem Schlage vernichten und einen neuen Staat nach seinen Ideen an die Stelle setzen wollte. Kommt es nicht so weit, so ist der bloße unthätige Widerstand der Untergebenen, die alle Mitwirkung verweigern, und das, was ihr guter Wille leisten sollte und könnte, den Dienern höhere Befehle überlassen, schon hinreichend, die Anschläge der Allgewalt zu vereiteln, die sich ohnmächtig fühlt, wenn sie von den eignen Dienern verlassen wird, welche nichts mehr ausrichten können. Eben so wenig vermag der Eigensinn des mächtigsten Regenten, der an ererbten Gewohnheiten festhält, welche mit dem Bedürfnisse der Zeiten und der veränderten Denkart des lebenden Geschlechts in Widerspruch gerathen. Man hat gesehen, daß Regierungen, die Recht und Macht auf ihrer Seite zu haben schienen, in solchen Unternehmungen bei der ersten Erschütterung gefallen sind; und wenn sie bestehen bleiben, so vergeht dennoch das, was sie festzuhalten vermeinten, ohne daß sie es merken, unter ihren eignen Augen und Händen.

Das persönliche Betragen, wodurch ein Erbfürst sich bei seiner Würde behauptet, ist z. B. von Haller in seinem »Handbuch der Staatenkunde« vortrefflich dargestellt. Wenn dieser Autor aber hinzufügt, daß Macchiavelli sich viel vergebliche Mühe damit gemacht habe, Mittel auszudenken, wie die Herrschaft aufrecht erhalten werden könne, da dieses doch aus ihren natürlichen Gründen ganz von selbst erfolgen müsse, so vergißt er, daß Macchiavelli nur von den Mitteln redet, eine neue Herrschaft zu gründen und zu erhalten, die nicht, wie sein Tadler von aller Regierung voraussetzt, aus natürlichen Verhältnissen erwachsen, sondern von Einem Manne willkürlich geschaffen ist. Und damit hat er sich so wenig eine vergebliche oder überflüssige Mühe gegeben, daß vielmehr oft ein Zweifel entsteht, ob der Schriftsteller, der doch Alles geleistet hat, was die Kräfte des menschlichen Verstandes in dieser Absicht vermögen, genug gethan habe. Denn es liegt, wie die Folge dieser Betrachtungen zeigen wird, in der Sache selbst, daß aller Aufwand von Verstand, und sogar die Ueberspannung aller Mittel, die sich aus demselben ziehen lassen, oftmals nicht zureicht, eine aus bloßer Selbstsucht errungene Herrschaft zu befestigen.

3.

Dies Kapitel behandelt also die Mittel, ein fremdes Land zu unterjochen, nicht den Zweck selbst. Davon sagt der Autor nur vorsichtig: »Solche Unternehmungen werden immer bewundert« – nicht: »Sie verdienen bewundert zu werden«. Ein ewiger Friede ist unmöglich. Das Bestreben der Völker, ihren Zustand zu verbessern, führt natürlich Gelegenheiten herbei, kriegerische Talente und Tugenden zu zeigen, und die *Helden* solcher Kriege sind es, die von ihrem Volke als Wohlthäter verehrt, von der ganzen Welt bewundert werden. Dagegen täuschen sich die *Eroberer*, die nur eine wilde Herrschsucht zu befriedigen suchen, wenn sie die abgedrungene Schmeichelei der in Furcht gesetzten Völker für Beweise der Verehrung nehmen. Ihre Zeitgenossen verfluchen sie. Das folgende Geschlecht, das sie nicht mehr zu fürchten hat, schätzt sie gering.

Wenn Macchiavelli auch an alles dies gedacht hat, so hielt er vermuthlich dafür, es sei vergeblich, es den Großen zu sagen, die Lust haben, auf Eroberungen auszugehen. Aus dem Glücke der Menschen, das sie aufopfern, machen sie sich nichts, und an dem Erfolge ihrer Unternehmungen pflegen sie nicht zu zweifeln. Auch von *der* Seite ist ihnen schwer beizukommen. Wenn denn also erobert werden soll, so müssen die Mittel erwogen werden, wie eine eroberte Provinz behauptet werden kann. Hierüber sagt Macchiavelli sehr viel Treffendes. Dennoch übersieht er das sicherste Mittel, wodurch Eroberungen dauerhaft werden können. Dasselbe liegt außer seinem Gesichtskreise, da er nur die Neigungen und das persönliche Interesse des Machthabers beachtet, ohne die Völker an sich selbst für etwas gelten zu lassen. Durch diese engherzige Denkart wird das System des scharfsinnigsten politischen Schriftstellers mangelhaft: durch sie ist auch Napoleon I., der es vielleicht besser als je Einer im wirklichen Leben dargestellt hat, zu Grunde gegangen.

Welches andere Mittel gibt es denn, die neuerworbene Herrschaft über ein fremdes Volk zu sichern, welches man beim Macchiavelli vermißt? Es ist dies: eine Behandlung, welche Achtung und Zutrauen gegen das ganze Volk beweist, und indem sie die eigne Zufriedenheit desselben zu ihrem nächsten Zwecke macht, dadurch zugleich das kräftigste Mittel für die Zwecke des Herrschers erzeugt. Wenn man dem Volke die Verfassung läßt, die ihm lieb ist, und es von seinem vorigen Regentenhause nichts mehr zurückwünscht, als die Personen, so hat man die Erinnerung daran nicht so sehr zu fürchten. Wer Menschen für sich gewinnen will, muß ihnen die Ueberzeugung beibringen, daß Er es ist, durch den sie erhalten können, was sie verlangen. Wer sie nur fühlen läßt, daß er ihnen nehmen kann, was ihm gefällt, und daß sie Alles als Gnade annehmen müssen, was er ihnen wol lassen will; wer hiermit freiwillig auf alle feineren Beweggründe Verzicht leistet, und blos auf Gewalt trotzt, spielt ein gefährliches Spiel; denn Gewalt ist stets, und wäre sie auch noch so groß und schiene sie noch so fest begründet, feindlichen Zufällen unterworfen.

4.

Schon von Hume (*Essays I, 3*) ist, wie ich sehe, bemerkt, daß das von Alexander eroberte Persien nicht so beschaffen war, wie Macchiavelli es darstellt, und daß die Fortdauer der von Jenem gegründeten griechischen Herrschaft auf andern Ursachen beruht habe. An sich selbst aber ist das Raisonnement des Macchiavelli zutreffend und vollkommen auf die Geschichte des Mittelalters anwendbar, in welchem die Verfassungen sich gebildet hatten, die Macchiavelli vor Augen lagen. In den Verhältnissen, die er darstellt, war die Ursache des abwechselnden Erfolges der langen Kriege zu suchen, die Frankreich und Spanien mit einander führten. Unruhige Große, die fremde Feinde hereinriefen und von ihnen abfielen, sobald die Verblendung aufhörte, mit der sie erwarteten, diese würden nicht für sich selbst, sondern für *sie* kämpfen und erobern. Ludwig der Vierzehnte dämpfte diese Unruhen, indem er den Uebermuth der Vasallen, woraus der Factionsgeist Nahrung zog, demüthigte. Seit jener Zeit hat sich auch der türkische Staat verändert. Die Verhältnisse der Statthalter in den Provinzen zum Sultan sind nicht mehr ganz dieselben, und daher findet das Raisonnement des Macchiavelli keine genau zutreffende Anwendung in der neueren Geschichte von Europa.

5.

Macchiavelli hat Völker vor Augen gehabt, die heftigeren Leidenschaften unterworfen und größerer Aufopferungen fähig waren, als die meisten Nationen der spätern Zeit. Er redet von Zerstörung ganzer Städte, von völliger Auflösung von Staaten, wie von ganz gewöhnlichen und nothwendigen Dingen. Dies ist bei einem Schriftsteller natürlich, der die Zeiten der Guelfen und Ghibellinen im Sinne hatte: Zeiten, da Städte wie Mailand vom Kaiser Friedrich dem Ersten zur Vernichtung verurtheilt wurden, mit nicht mehr Bedenklichkeit, als womit heut zu Tage ein Edelmann etwa in Ländern, wo noch Leibeigenschaft herrscht, seine Bauern verpflanzt, um ihre Höfe einzuziehen. Nimmt man hierzu die unversöhnliche Rachsucht, die ewige Mordlust, die verblendete Wuth des italienischen Volkes, so wird es begreiflich, wie er Grundsätze aufstellen konnte, die nachmals bis zum Ende des achtzehnten Jahrhunderts der allgemeinen Denkungsart und den Empfindungen der Gewalthaber selbst widerstritten. Die neuere Regierungsweisheit, ihre Finanz- und Kriegskunst, lehrt aus der Unterjochung der Völker Vortheile ziehen, die mit so gewaltsamen Maßregeln unvereinbar sind. Damals erforderte die geringere Macht der Fürsten und die Unvollkommenheit ihrer Veranstaltungen ein ganz anderes Verfahren. Wenn man erwägt, wie klein das Heer war, das Karl der Fünfte als Herr von Spanien und Indien, von Belgien und einem Theile von Deutschland und Italien mit aller Anstrengung dieses unermeßlichen Reiches auf Einen Punkt znsammenzubringen vermochte, wie schwer es ihm ward, das erforderliche Geld anzuschaffen, und wie unsicher dadurch alle Eroberungen wurden: so sieht man wohl, daß damals andere Maßregeln ergriffen werden mußten, als in den Zeiten, in denen die Herrscher über Armeen von Hunderttausenden und vermittelst eines grenzenlosen Credits über alles Geld der Völker disponiren.

6.

Savonarola war ein halb religiöser, halb politischer Schwärmer. Während des Exils der Medici in den ersten Jahren des sechzehnten Jahrhunderts machte ihn ein großer Theil des florentinischen Volkes zum Abgotte. Der religiöse Fanatismus war der Grund, auf dem sein politischer Einfluß beruhte, und er hätte die Florentiner dadurch so unumschränkt beherrschen und seine Pläne durchsetzen können, etwa wie Mahomed, wenn er nicht in der Quelle seiner Gewalt selbst angegriffen wäre. Die Zwistigkeiten seines Ordens mit andern Mönchen erregten ihm Neider und Nebenbuhler, die eben so ausschweifende Wunderthaten des Glaubens ankündigten, als er selbst. So ward das Volk irre und sah ruhig zu, wie ein Mann verbrannt ward, der wenige Monate vorher dreist hätte wagen dürfen, seine Gegner zum Feuertode zu verdammen. – So unsicher ist Alles, was auf der Kombination heterogener Dinge beruht! Wenn der ehrliche Fanatiker zu Grunde geht, sobald er seine Schwärmerei gebrauchen will, sich politischen Einfluß zu verschaffen; wie muß es dann erst dem ergehen, der nur die Maske davon annimmt, und sich dessen, was bei Jenem in allem Ernste Beweggrund war, nur als eines armseligen Kunstgriffs bedient.

Es bedarf übrigens kaum einer Erinnerung, daß Alles, was Macchiavelli von der geringen Kraft der Neuerungen und von der Unzuverlässigkeit ihrer Anhänger sagt, nur auf die Unternehmungen bezogen werden darf, die von einzelnen unruhigen Köpfen herrühren. Wenn diese Neuerer auch anfangs schwach und an Zahl unbedeutend sind, so können sie es durch ihren lebendigen Feuereifer und ihre hartnäckigen Anstrengungen doch bald dahin bringen, die Majorität, die unter sich nicht einig ist und nur schlaffen Widerstand leistet, zu beherrschen und sie zu zwingen, ihre Ansichten anzunehmen und sich ihrer Führung zu unterwerfen.

7.

Wahrscheinlich geht es dem Leser bei der ersten Lectüre dieses Kapitels wie den Bewohnern von Cesena, als sie den ermordeten Remiro d'Orco ausgesetzt fanden: staunend verstummten sie bei dem Anblick. Man sollte fast glauben, Machiavelli habe diese Geschichte idealisirt, um Etwas aufzustellen, das in seiner Art nicht zu übertreffen war. Vielleicht war der Richter nicht blos ein harter aber gerechter Mann von etwas grausamer Gemüthsart, sondern er befriedigte seine eigenen schlechten Leidenschaften, unter dem Vorwande der Gerechtigkeit, die er handhaben sollte. Cäsar Borgia hat ihm vielleicht eine Zeit lang nachgesehen, weil er ihn sonst brauchbar fand, und am Ende der Gerechtigkeit selbst ein Opfer gebracht, indem er ihn hinrichten ließ. War er aber wirklich das, wofür Macchiavelli ihn ausgibt, so war auch dieser einzige falsche Streich des Fürsten hinreichend, zu verhindern, daß sich nie wieder ein Mann von Ehre und zuverlässiger Gesinnung zu seinem Dienste hergab. Und eines Mannes von Ehre und zuverlässiger Gesinnung bedurfte doch der Herzog von Valentinois zur Ausführung seiner Pläne.

Dieser Held des Macchiavelli, dessen Betragen er so oft allen denen zum Muster aufstellt, die nach der Herrschaft streben, war klüger, entschlossener, und ging zusammenhängender zu Werke, als die große Zahl derer, welche sich damals, so wie Er, Alles erlaubten, um sich zu erheben. Die Herren, die er zu Sinigaglia ermorden ließ, wie Macchiavelli in einer besondern Erzählung ausführlich berichtet, waren um nichts besser als er, und in Rücksicht auf ihre Unterthanen viel schlechter. Insbesondere liest man von dem Oliverotto, Herrn von Fermo, eine solche Reihe von Schandthaten, daß es eine Art von Beruhigung gewährt, zu erfahren, daß er am Ende durch einen mächtigern bösen Geist bestraft und von der Erde hinweg geschafft worden. Wo der ganze Haufe der Mächtigen sich den wildesten Leidenschaften ergibt und die Menschheit auszieht, da ist es ein großer Gewinn, wenn Einer durch die Ueberlegenheit seines Verstandes die Oberhand behält. Dieser wird, um seines eignen Vortheils willen, manches Gute thun, manches Ueble hindern. Der Cäsar Borgia war unstreitig listiger und hatte dabei etwas Größeres in der Gesinnung, als seine Mitwerber. Ob er aber wirklich ein solches Ideal von Verstand war, wozu ihn Macchiavelli machen will, könnte noch bezweifelt werden. Das Gespräch mit dem, dessen Macchiavelli gedenkt, kann den Verdacht erregen, daß es einigen Einfluß auf sein Urtheil gehabt habe. Es war allzu schmeichelhaft, von dem furchtbaren Manne, der Geißel seiner Zeit, einer vertraulichen Mittheilung gewürdigt zu sein, als daß derselbe nicht dadurch ein größeres und bewunderungswürdiges Ansehen erhalten haben sollte. Er mag inzwischen den Ruhm, den Macchiavelli ihm beilegt, verdient oder nur erschlichen haben: von größerem Interesse ist die Frage, ob es denn wirklich, so wie Macchiavelli behauptet, für eine Vollkommenheit des Regenten gelten kann, wenn er die Menschen insgesammt nur als Werkzeuge seiner Absichten ansieht, und sich aller Empfindungen für sie entäußert, um große Zwecke zu erreichen.

Daß Große der Erde so denken, ist ja etwas sehr Gewöhnliches. Man braucht dazu auch nicht Regent zu sein. Vielmehr ist es noch eine Frage, ob es nicht den Geringern öfter gelingt, Höhere und Mächtige, die sich das nicht träumen lassen, so zu mißbrauchen, als den Großen, welche die Geringem bei Weitem nicht so gut kennen, als sie von ihnen gekannt werden. Ist es aber die rechte Denkungsart für die Ausführung großer Entwürfe, wenn man die Menschen um sich her nur als eine eigne Art von Maschinen ansieht, deren Kräfte und Wirkungen der Berechnung unterworfen werden können, und das ganze verwickelte Gewebe ihrer Verhältnisse als ein Spiel betrachtet, in welchem man, eben so wie in andern Glücksspielen, nur so lange glücklich sein kann, als man sich der eignen Empfindung entschlägt und alle Handlungen von dem eiskalten Verstande bestimmen läßt?

Die Triebfedern der Menschen liegen doch nicht so deutlich vor Augen, daß ihre Wirkungen nach klaren Gesetzen mit Sicherheit vorher bestimmt werden könnten.

Der größte Kenner wird unzählige Male durch unerwartete Anomalien überrascht. Wie selten findet man einen nur mäßig consequenten Menschen! Wer vermag die übrigen mit einiger Zuverlässigkeit zu errathen?

Eben so wenig kann man sich selbst zu einem bloßen Werkzeuge seines eignen Verstandes machen. Wenn der Macchiavellische Politiker auch von sich selbst ganz sicher sein könnte und sich nie verriethe, so thut doch sein erkünsteltes Betragen nicht die rechte Wirkung. Wer von lebhafter Empfindung ergriffen, ist, reißt Andere mit sich fort. Diese Kraft des wahren Gefühls ist nicht durch eine, wenngleich noch so gut ausgedachte und gespielte Rolle zu ersetzen. Die Menschen lassen sich auf die Länge nicht so anführen. Gerade die Einfältigsten sind darin oft zum Bewundern scharfsichtig. Sie sind nicht im Stande, sich selbst klar zu machen, warum ihnen so übel zu Muthe ist: aber ihre eigne ehrliche Gesinnung verräth ihnen, daß sie nur zum Spiele des überlegenen Verstandes dienen sollen. So glücklich auch einzelne schlau ausgesonnene Streiche ausfallen, so verfehlt das ganze Gewebe der Kunst doch seinen Zweck.

Endlich verzeiht das allgemeine Urtheil dem, der sich Alles erlaubt, die Schlechtigkeit seiner Mittel, doch nur dann, wenn er das Ziel wirklich erreicht hat. Wer es wagen will, sich über die Moralität ganz hinwegzusetzen, muß also wenigstens des Ausganges gewiß sein. Er muß zum Voraus Alles übersehen, auf jeden Fall gefaßt sein und nie einen falschen Schritt thun. Cäsar Borgia, den Macchiavelli als das vollkommenste Muster eines politischen Betragens aufstellt, hat doch Einen Fehler gemacht. Und gerade durch diesen Fehler ist er zu Grunde gegangen. Denn eben die Papstwahl, wobei er den Schritt verfehlte, den er thun mußte, um sich sicher zu stellen, stürzte ihn in die Gefangenschaft, worin er sein Leben beschloß.

Wenn aber auch in einem ganzen langen Leben, unter den schwierigsten Umständen, durchaus kein Fehler gemacht würde, – eine Sache, die leichter zu denken, als auszuführen ist – so bleiben noch immer die zufälligen Begebenheiten übrig, die sich gar nicht voraussehen lassen. Wer nicht sich selbst aufs Spiel setzen und seine ganze Zufriedenheit daran wagen will, wie die Karte fällt, wird bei jedem unerwarteten Vorfalle darauf zurückgeführt, daß die reine Absicht mehr werth ist, als alle Kunst; die ächte Güte des Willens mehr, als aller Verstand, der seiner Natur nach dem guten Willen dienen sollte, statt daß er verkehrter Weise zum Herrn eingesetzt wird.

Bisher ist von der klugen Benutzung günstiger Umstände die Rede gewesen. Wie aber, wenn das Glück, dem so Viele, die groß geworden sind, die Gelegenheit dazu verdanken, seinen Beistand versagt? Alsdann muß derjenige, der herrschen will, auch diesen Mangel ersetzen und sich selbst den Weg eröffnen. In einem vollständigen Lehrbuche des Ehrgeizes darf die Anweisung hierzu nicht fehlen, und davon handelt Macchiavelli im achten Kapitel.

8.

Die angeführte Ueberschrift schon gibt zu erkennen, welche Gesinnungen man zu erwarten hat.

Es gibt mehrere Wege zum Throne. Große Verdienste: dreiste Verbrechen. Beide kommen in der Geschichte vor. Von beiden muß hier erklärt werden, wie man glücklich durchkommt oder untergeht.

So viel ist wahr: allgemeine Gesetzlosigkeit ist der schlimmste Zustand, in den ein Volk gerathen kann. Das erste Bedürfnis; jeder menschlichen Gesellschaft ist bürgerliche Ordnung; Gesetze und Gewalt sie einzuschärfen. Man muß aber erst Herr sein, ehe man regieren kann. Die Zügel müssen also mit starker Hand ergriffen werden, und es möchte immerhin Einer für sich selbst Ausnahme von allen moralischen Gesetzen machen, wenn er dadurch in den Stand gesetzt würde, alle Andern zu ihrer Befolgung anzuhalten. Ein einziges Verbrechen, das dahin führt, könnte als nothwendige Abweichung von der Regel entschuldigt werden, wenn es das einzige bliebe. Das ließe sich aber nur von dem erwarten, bei dem es nicht aus dem Herzen entsprungen, sondern vernunftmäßig beschlossen wäre, weil es mit ruhiger Ueberlegung als das einzige Mittel zu großen und guten Zwecken erkannt worden. Hat aber die Geschichte wol Männer aufzuzeigen, die ein großes Verbrechen begangen hätten, blos um wohlwollenden Neigungen einen freieren Wirkungskreis zu eröffnen? So meint es auch Machiavelli selbst nicht. Er sieht die Sache nur aus dem Gesichtspunkte des Ehrgeizes an. Für diesen gibt er Lehren: die dadurch errungene Herrschaft mag dann gebraucht werden, wie es dem Mächtigen gefällt.

Besondere Beachtung verdient noch die letzte Bemerkung dieses Kapitels, da sie nicht nur für den hier behandelten Fall gilt, sondern auf jeden Regenten Anwendung findet. Bei allen harten Verfügungen, zu denen man durch außerordentliche Umstände veranlaßt wird, ist es immer sehr wohlgethan, Macchiavelli's Rath befolgend, mit einem einzigen Schlage zu vollführen, was man vorhat. Vorzüglich trifft diese Erinnerung die Behandlung großer Staatsverbrecher, »Schlage den Hirten und die Schafe werden sich zerstreuen.« So lange aber diese in Ungewißheit bleiben und Strafe für das Vergangene besorgen, werden sie gereizt, sich durch Erneuerung der fehlgeschlagenen Entwürfe zu retten. Haben sie nichts mehr zu fürchten, so verlieren sie allmählich das Interesse an der Sache und an den Führern, die dafür gelitten haben, und bemühen sich es Andere vergessen zu machen, daß sie an der verunglückten Unternehmung Theil gehabt. Große politische Verbrecher nehmen ferner außer ihren entschiedenen Anhängern leicht eine Menge ihrer Mitbürger durch blendende Verwände ihrer verrätherischen Anschläge für sich ein. Diese, welche, ohne selbst für die Sache thätig gewesen zu sein, günstig von ihr dachten und den Unternehmern wohlwollten, sind nicht leicht eines Bessern zu belehren. Aber sobald sie die Hoffnung aufgeben müssen, daß die Sache gelingen könne, so werden sie gern glauben, sie sei vergessen. Darüber vergessen sie sie wirklich am Ende selbst. Dazu aber ist nothwendig, daß sie sobald als möglich für beendigt erklärt werde. Alsdann wird die Aufmerksamkeit des großen Haufens bald durch die neuen Angelegenheiten des Tages abgelenkt.

10.

Ueber dies treffliche Kapitel ist nichts weiter zu sagen, als daß es einen Zustand der Welt voraussetzt, der nicht mehr existirt. Sobald Heere von Hunderttausenden auf dem Kriegstheater erscheinen und die Uebermacht entscheidet, kann nicht mehr von der Vertheidigung kleiner Herrschaften die Rede sein. Damals bedeutete jeder einzelne Fürst, der eine Stadt befaß, und jede kleine Republik etwas, sobald Verstand da war, die geringen Kräfte zu gebrauchen und unter der großen Menge der Nachbarn durch geschickte Unterhandlungen Hilfe zu suchen. In solchen Zeiten haben alle Kräfte des Verstandes und des Gemüthes Gelegenheit zu freier Entwicklung. In Perioden aber, wo eine übermächtige Gewalt Alles besiegt und unterjocht, kommt nichts auf, was Interesse zu erregen verdiente. Die Nachwelt aber übt Gerechtigkeit aus: sie mag nichts von den Thaten dessen hören, der doch wähnte, sie werde sich ganz allein mit ihm beschäftigen!

II.

Dieses Kapitel ist das dürftigste oder vielmehr das einzige schwache im ganzen Werke. Macchiavelli hat im Eingange versprochen, von den verschiedenen Arten der Herrschaft zu reden. Man erwartet hier also Bemerkungen über die eigenthümlichen Verhältnisse, in denen sich die geistlichen Fürsten befinden, über die starken und die schwachen Seiten ihres weltlichen Ansehns und über die in der That höchst merkwürdige Rolle, die sie in der Geschichte spielen. Wenngleich Macchiavelli überhaupt die Unternehmungen, die Grundsätze, das Betragen der Fürsten, in Beziehung nicht auf die regierten Völker, sondern nur auf die Befestigung der Herrschaft selbst betrachten wollte, so war noch immer genug über die geistlichen Fürstenthümer zu sagen. Diese, sagt er, bestehen unter dem Schutze des religiösen Vorurtheils, und wenn einer nur durch glückliche Intrigue oder Zufall auf den heiligen Stuhl erhoben worden, so wird von ihm nichts weiter gefordert, um sich zu behaupten. Hat er Geist genug, sein Glück zu benutzen, und Sinn für den einzigen Genuß, der eines Fürsten würdig ist, für die Befriedigung der Herrschsucht, so wird er es machen, wie Sixtus der Vierte, Alexander der Sechste, Julius der Zweite, Leo der Zehnte. Hat er das nicht, so mag er sein Leben mit Beten zubringen, oder mit Schlemmen, wie es ihm gefällt. Abgesetzt wird er dafür nicht werden. Mit diesem bösen Spotte fertigt Macchiavelli den heiligen Stuhl ab. Jene Päpste, von denen er hin und wieder redet, waren Männer von heftigen Leidenschaften und Meister in der Politik, die in Italien zu ihrer Zeit die höchste Ausbildung erhalten hatte und deren Geheimnisse Macchiavelli aufdeckt. Sie waren insgesammt seine Zeitgenossen, und er hatte keinen Andern auf dem päpstlichen Stuhle gesehen.

Aber es hat auch Perioden in der Geschichte gegeben, in welcher die Häupter der Kirche in ganz anderm Geiste auf die Angelegenheiten der Völker einwirkten; wo sie Schiedsrichter der Könige waren und durch ihr friedliches Ansehn größere Kriege beilegten, als der feurige Ehrgeiz Julius des Zweiten erregt hat. Auch dies hing von dem persönlichen Charakter und den Talenten einzelner Päpste ab. Aber die Mittel, wodurch sie so große Dinge ausgeführt haben, lagen in der Natur ihrer Würde. Die veränderte Denkart verschiedener Zeiten erforderte jedesmal besondere Modificationen. In: sechzehnten Jahrhunderte konnte die Sache nicht durch einen hingeschleuderten Bannstrahl ausgemacht werden, wie zu der Zeit Gregor des Siebenten;

aber das Verhältnis; des heiligen Stuhls zu den weltlichen Monarchen war doch im Grunde immer dasselbe, wenn es gleich nicht mit so hoher Hand geltend gemacht werden durfte.

Die Päpste genossen als Oberhäupter der christlichen Kirche ein Ansehn, das allemal um so viel größer und unverletzlicher war, jemehr sie sich bemühten, im Geiste ihrer Würde zu handeln und das Interesse ihrer weltlichen Besitzungen und ihrer Familien so weit zu verläugnen, daß es wenigstens nicht als nächste und vorzüglichste Triebfeder hervorleuchtete. Alle Verhandlungen, die mit dem Päpstlichen Hofe geführt sind, oder in welche dieser auch nur verwickelt gewesen ist, haben einen eignen Charakter. Der überlegnen Macht darf der Schwächere nicht wagen entgegen zu setzen: » *Ich will nicht*«(*non volumus*). Aber wenn sein demüthiges: » *Ich kann nicht*« (*non possumus*) durch den Zusatz » *wegen meines Gewissens*« geschützt wird, so erhält er vielleicht Gerechtigkeit für Andre, wenigstens Schonung für sich selbst. Di« Verhandlungen unter den erbittertsten Gegnern nehmen einen ganz andern und sanftern Charakter an, wenn eine Person dazwischen tritt, die sich gegen Beleidigungen nicht wehren kann, die man aber nicht beleidigt, ohne sich selbst mehr zu beschimpfen, als seinen Gegner. Wie oft hat die Dazwischenkunft eines als Fürsten ohnmächtigen, aber wegen der allgemeinen Verehrung der Völker gegen seine geheiligte Person gefürchteten Papstes die entschlossensten, ehrgeizigsten, ungestümsten Kriegshelden aufgehalten, und ganzen Ländern einige Jahre Ruhe verschafft! Wenige Fürsten haben es gewagt, *gegen sie* die Härte, den Ungestüm, den Eigensinn zu äußern, wodurch ihre Uneinigkeiten unter sich so fürchterlich werden. Die Politik des römischen Hofes besteht in geschicktem Zaudern, Durch unendlichen Aufschub, Wiederholung derselben Aeußerungen in andrer Gestalt und mit veränderten Wendungen ist dort unzählige Male einbrechendes Ungewitter abgeleitet. Von wem anders hätte man sich das gefallen lassen, als von dem, der in seinen Verhandlungen mit weltlichen Mächten die Sprache des alten Mannes zu der feurigen Jugend redete, und den diese Sprache wohl kleidete, Wenn man in der Geschichte findet, wie die Gesandten der größten Mächte ihrer Zeiten, französische und spanische Abgeordnete, unter dem Vorsitze eines päpstlichen Legaten, der nur ermahnen soll und gar nicht drohen kann, wenigstens den Anschein friedlicher Gesinnungen annehmen und durch den Anstand gegen den gemeinsamen Vater der christlichen Völker zu einem nachgibigen Betragen verleitet werden, so kann man sich nicht enthalten zu wünschen, daß noch jetzt eine Autorität vorhanden sein möchte, der diese Mittel zu Gebote standen.

Die Religion bezieht sich auf die Bedürfnisse, die Rechte und Würde der menschlichen Natur, auf welche der Geringste wie der Höchste und Mächtigste Anspruch machen darf. Wie die bürgerlichen Verhältnisse auch beschaffen sein mögen, in der Kirche sind die Menschen an sich selbst etwas: da dürfen sie nicht als bloße Werkzeuge und Untergebene ihrer Herren betrachtet werden. Dem Oberhaupte einer solchen geistlichen Gemeinheit steht es daher sehr wohl an, Bewegungsgründe vorzubringen und an Grundsätze zu erinnern, die in dem Munde des weltlichen Staatsmannes vielleicht verlacht würden.

Der Einfluß der geistlichen Gewalt auf die Angelegenheiten der Welt ist zwar eben sowol dem Mißbrauche unterworfen, als die Herrschaft des Schwertes; und es ist doppelt empörend, wenn das angebliche Seelenheil der Menschen nur zum Vorwande der nämlichen Leidenschaften dient, die der Kriegsheld auf andern Wegen zu befriedigen sucht. Ein Lehrbuch der geistlichen Regierungskünste, von einer Feder wie Macchiavelli's, müßte noch unangenehmere Empfindungen erregen, als die Stellen im Buche vom Fürsten, die das Gefühl am meisten beleidigen. Dieser Mißbrauch der geistlichen Herrschaft hat den Bemühungen der weltlichen Regenten, ihr Ansehn zu vernichten, allgemeinen Beifall verschafft. Die Philosophie des achtzehnten Jahrhunderts hat entschieden für diese Partei genommen, und nach den Grundsätzen eines speculativen Naturrechts die geistliche Autorität aus der bürgerlichen Verfassung verwiesen. Aber die Staaten der wirklichen Welt sind nicht nach reinen Abstractionen angeordnet, und ihre Verhältnisse können nicht nach einfachen Principien beurtheilt werden. Der ursprüngliche Beruf des christlichen Priesterthums, der die Gelehrsamkeit als seine vorzüglichste Beschäftigung voraussetzt, hat auf die ganze innere Verwaltung und auf die äußern Verhandlungen der geistlichen Fürstentümer einen großen Einfluß. Selbst die Hofhaltung des Oberhauptes der katholischen Kirche ist danach eingerichtet, und die ganze Politik desselben sucht die weltlichen Angelegenheiten einem höhern, zwar nicht immer wohl verstandenen, aber an sich selbst ehrwürdigen Interesse unterzuordnen.

Zu den Zeiten Macchiavelli's war die Hierarchie von demselben verderblichen Geiste ergriffen, der ganz Italien verwirrte. Aber der Sinn für literarische Cultur und Liebe zu den Wissenschaften, die sich mit der größten Schnellkraft entwickelten, erzeugte einen neuen Charakter, den auch die hohe Kirche annahm. Bald nach dem

Zeitalter Macchiavelli's bestieg ein Mann den heiligen Stuhl, der die Satyre, die wir gelesen haben, mit der That widerlegte, und bewies, was Regententugenden auf jener Stelle vermögen. In einer kaum fünfjährigen Regierung hat Sixtus der Fünfte nicht allein sein Ansehn bei fremden Mächten eben so gut und noch weit mehr behauptet, als Alexander, Julius und Leo. Er vollbrachte daneben in dieser kurzen Zeit Alles, Alles, was die thätigste fürstlichste Verwaltung zu leisten vermag. Ruhe und Ordnung wurden hergestellt, öffentliche Sicherheit geschafft, die vorher im Kirchenstaate Niemand kannte; Gerechtigkeit gehandhabt, der Wohlstand befördert, und dabei eine unglaubliche Menge der glänzendsten Unternehmungen vollendet, die der Stadt Rom die Bewunderung der hinströmenden Welt verschafften.

Dieser Sixtus gehörte zu den seltenen Männern, denen Alles zu gering ist, was allein persönlichen Ehrgeiz oder Familieninteresse befriedigt, die nichts ihrer Aufmerksamkeit und ihrer Bemühungen werth achten, als öffentliche Ordnung und Wohlfahrt; für die nichts so großen Reiz hat, als was das Interesse des menschlichen Geistes angeht. Solche Menschen können auch auf Thronen geboren werden. Aber in der Beurtheilung der Bedürfnisse des Privatlebens wird ihnen der immer überlegen sein, der durch diese selbst hindurchgegangen ist. Hierin könnte ein Vorzug der Verfassung liegen, worin die Regenten nicht durch das Recht der Geburt bestimmt werden. Aber in welchem Wahlreiche wird man durch jene Eigenschaften auf den Thron erhoben, außer im geistlichen? Wenn in einem andern der Privatmann hoffen darf, die Intriguen der Familien und Parteien durch persönliches Verdienst zu überwinden, so ist es nur der Kriegsheld. Die Geschichte des Dejoces, den die Meder wegen seiner Gerechtigkeitsliebe zum Könige gewählt haben, gehört in die alten Zeiten, von denen man gar viel erzählen kann. Auf den päpstlichen Stuhl aber sind in allen Perioden von Zeit zu Zeit Männer erhoben, von deren Herkunft Niemand etwas wußte, und die sich blos durch persönliche Vorzüge den Weg gebahnt haben.

Familienintrigue hat zwar oft auf die Wahl von Päpsten und auf die Politik derselben einen entscheidenden Einfluß gehabt, und die Nepoten haben nicht blos in der innern Staatsverwaltung, in welcher ihnen keine ständischen Rechte Widerstand leisteten, großen Schaden gethan; sie haben auch oft die Staatshändel aller Mächte von Europa verwirrt, die das Ansehn des heiligen Stuhls vielmehr hätte besänftigen sollen. Die Farnese, die Caraffa, die Barberini spielen keine schöne Rolle in der Geschichte. Aber das ganze Gebäude der hohen Kirche beruht so wesentlich auf der Bildung des Geistes, ihre weltliche Macht, Reichthum und Einfluß ist so sehr mit den Anstalten für wissenschaftliche Cultur verwebt, daß Verdienste um diese letztere immer in guten Zeiten einen überwiegenden Einfluß haben, und selbst in den schlechtesten nicht ganz zurückgesetzt werden können. Wenn man zum Beispiel die Schilderung liest, die der Cardinal Bentivoglio, selbst ein ausgezeichneter Staatsmann und Schriftsteller, von dem Cardinals-Collegium und dem päpstlichen Hofe macht, so wie er es unter Clemens dem Achten bei seinem ersten Eintritte in die Welt fand, so erstaunt man über die Menge von Cardinälen und andern hohen Dignitaren, die sich durch Gelehrsamkeit oder durch große Geschicklichkeit in Staatshandlungen zu ihrer Würde emporgeschwungen hatten, ohne durch irgend etwas Anderes empfohlen zu sein. Rom hat nicht zu allen Zeiten eine so ehrwürdige Prälatur besessen; aber Talenten, Einsichten und Kenntnissen ist der Weg zu hohen Würden niemals ganz verschlossen gewesen, selbst nicht unter den Päpsten, die ihre Erhebung keinen persönlichen Vorzügen verdankten.

Die deutsche hohe Geistlichkeit, welcher man das in mancher Rücksicht verdiente Lob durch einseitige Schilderung aller Nachtheile der ehemaligen deutschen Reichsverfassung mit Unrecht zu entziehen sucht, ist jedoch hinsichtlich des persönlichen hervorstechenden Glanzes einzelner Prälaten weit hinter der italienischen zurückgeblieben. Man hat es schon in sehr frühen Zeiten darauf angelegt, den Weg zu hohen Stellen allen denen zu verschließen, die sich nur auf Verdienste berufen konnten; und diese Bemühungen des deutschen Adels, alle Stellen in hohen Stiftern in dem Kreise gewisser Geschlechter festzuhalten, in welchem sie nach einer gewissen Billigkeitsrolle vertheilt werden müßten, ist nicht ohne Wirkung geblieben.

In Rom hat man nie lernen können, so zu denken. Der Besitzstand, bei dem die deutschen Prälaten sich so Wohl befanden, war gar nicht hinreichend, die Absichten und Bedürfnisse der ganzen Hierarchie zu befriedigen. Der Einfluß, den sie immer zu erweitern strebte und nur mit ausnehmender und ununterbrochener Aufmerksamkeit aufrecht erhalten konnte, erforderte vielmehr eine große Thätigkeit und Bekanntschaft mit der ganzen Welt, mit der vergangenen und mit der lebenden. Es ist daher ganz falsch, Was Macchiavelli von der Geistlichkeit sagt: das ihre Häupter auf ihren hohen Stellen durch die Kraft der Trägheit, die in allen Einrichtungen liegt, erhalten werden, sie mögen sich aufführen wie sie wollen. Vielmehr hat sich in der Geschichte keines einzigen Staates deutlicher gezeigt, wie viel wahrer Verstand und gute Gesinnung in der Welt vermögen, als gerade in der Geschichte der Päpste.

Die Philosophen und Geschichtschreiber der neuern Zeiten haben sich mit großem Erfolge bemüht, die geistliche Gewalt verhaßt zu machen, indem sie ihr Alles zur Last legen, was Geistliche gethan haben, ohne zu beachten, ob sie die Kraft dazu durch ihren geistlichen Stand erhielten, und ob man der Herrschsucht ihr Gift genommen hätte, wenn ihr das geistliche Kleid ausgezogen wäre. Die französischen Schriftsteller insbesondere machen sehr bittere Bemerkungen darüber, wie viel Unheil die Cardinäle in der Staatsverwaltung gestiftet, Richelieu und Mazarin fanden es zwar sehr vortheilhaft, ihrer Person durch den römischen Purpur Schutz zu verschaffen. Würden sie aber anders regiert haben, wenn sie als weltliche Minister die Macht besessen hätten, die sie nicht ihrer geistlichen Würde, sondern persönlichem Einflusse auf die Gemüther ihrer Regenten verdankten? Der geistliche Beruf hat freilich einem Alberoni Gelegenheit gegeben, sich dem Regenten von Spanien zu nähern und das Schicksal mehr als Einer Monarchie zum Spiele seines Ehrgeizes zu machen; aber auch dem Ximenes, d'Ossat und andern großen Männern den Weg zu Stellen eröffnet, die den vorzüglichsten Menschen so schwer zu Theil werden, wenn sie nicht durch die Geburt begünstigt sind.

Die Philosophie hätte sich also begnügen sollen, die Anmaßungen der Kirche in billige Schranken zurückzuweisen, ohne sie zu vernichten, um dagegen ein für die Würde der menschlichen Natur eben so gefährliches System der bürgerlichen Ordnung nach den Gesetzen des äußern Rechts zu erheben.

Das leichtsinnige und fehlerhafte Urtheil des Macchiavelli über die geistlichen Fürsten erforderte diese Betrachtungen über die Vortheile, welche das System der katholischen Hierarchie gewährt. Es ist hier nicht der Ort, von den wesentlichen Fehlern derselben zu reden, welche die Veranlassung zu der Trennung der Protestanten von ihr gegeben, und die Wiedervereinigung kaum möglich machen. Diese Fehler werden nicht durch die Veränderungen gehoben, welche vermöge der neuern Denkart in der katholischen Kirche entstanden sind, und die ihr zugethanen Völker laufen daher Gefahr, die Vortheile zu verlieren, welche sie besaßen, ohne durch diejenigen entschädigt zu werden, die die protestantischen errungen haben.

In dem kirchlichen Systeme dieser Letztern findet die Einwirkung einer geistlichen Gewalt auf Staatsverhandlungen mit andern Mächten gar nicht statt. Was aber ihren Einfluß auf innere Landesangelegenheiten betrifft, so kann hier nur der Gesichtspunkt im Allgemeinen angegeben werden, von dem die Untersuchung darüber ausgehen muß.

Es ist überhaupt das größte Problem des natürlichen Staatsrechts und der Politik, wem man in der bürgerlichen Gesellschaft die Befugniß ertheilen solle, sich der willkürlichen Gewaltthätigkeit zu widersetzen. Das Gesetz Gottes geht über das Gesetz der Menschen. Seit den rasenden Tyrannen Roms, die sich zu lebenden Göttern erklärten, hat selten ein Regent gewagt, seinen Völkern ins Gesicht zu sagen, er wolle, daß ihm mehr gehorcht werde, als Gott. Aber wie soll die Stimme des unsichtbaren Gottes durchdringen? Wer soll sie erklären? Soll derjenige, den das Volk für ihren Ausleger hält, gar keine weltliche Macht in Bewegung setzen können, so wird er zu einer leeren Stimme in der Wüste, sobald es dem Regenten gefällt. Soll er Mittel besitzen, sich Gehorsam zu verschaffen, so entsteht ein innerer Krieg, sobald seine Vorschriften mit dem Willen des weltlichen Regenten disharmoniren. Diese letzten schrecklichen Folgen hat die katholische Kirche oft erfahren. Jenem Nachtheile ist die protestantische ausgesetzt, sobald die Geistlichkeit, wie es nach den eingeschränkten Ideen derer sein sollte, die einem dürren Systeme zu Gefallen alle Verhältnisse möglichst vereinfachen, als besoldete Diener des Regenten betrachtet werden, welche bestellt sind, Moral zu predigen und die bürgerlichen Gesetze einzuschärfen. Wo sollte wol ein solcher bestellter Officialis der Sittlichkeit den Muth hernehmen, seinem Herrn, den alle Welt fürchtet, ins Gewissen zu reden? Friedrich Wilhelm dem Ersten von Preußen hat doch ein Landprediger den Vers aus der Bibel vorgehalten: »Wer einen Menschen stiehlt«, um damit seine gottlose Menschenräuberei für die Potsdamer Garde zu strafen. Wer wird dergleichen unternehmen dürfen, wenn es weder Vorsteher der Nation gibt, die von ihr, und nicht vom Regenten abhängen; noch auch Lehrer göttlicher Weisheit, die einen höhern Beruf anerkennen, als ein Bestallungspatent!

Die Reformatoren der Kirche haben dies Alles wohl gefühlt. Sie verkannten ihren Beruf nicht. Sie haben den geistlichen Stand, dem die Sorge anvertraut ist, eine höhere Bildung des Menschengeschlechts zu erhalten, nicht zu Dienern des irdischen Gemeinwesens, zu Staatsdienern herabgewürdigt. Die Fürsten der Zeit haben sich nicht vermöge ihrer fürstlichen Würde zu Häuptern der Hierarchie erklärt. Das hätte das damalige Volk nicht gelitten. Die deutschen Fürsten haben als natürliche Beschützer der Kirche, deren mächtigste Glieder sie waren, die bischöflichen Rechte und Pflichten auf sich genommen, nachdem die Gemeinden sich von der katholischen Hierarchie losgemacht hatten. Dieser wesentliche Unterschied wird kaum mehr beachtet, seitdem die Speculationen über das Staatsrecht und über die Staatsklugheit eine angeblich metaphysische Wendung genommen haben, vermöge deren ein strenges äußeres Recht das Wesentliche aller sittlichen Verhältnisse der bürgerlichen Gesellschaft ausmachen soll: da doch die Menschen, aus denen der Staat besteht, die Gesetze über äußeres Recht nicht eher begreifen, und die Verpflichtung sie zu befolgen nicht anerkennen, bis sie durch viele religiöse Bemühungen und moralischen Unterricht dazu fähig gemacht sind.

12.

Der Hauptgedanke, auf welchen diese lehrreiche Darstellung der vergangenen italienischen Zeiten führt, ist ganz allgemein wahr und zu allen Zeiten nützlich. Selbst ist der Mann. Jeder muß sich selbst zu schützen suchen, so viel er kann. Man darf nie Andere für sich tapfer, vorsichtig, klug sein lassen und sie dafür bezahlen; denn wer Schätze hat, fremden Schutz zu erkaufen, dem werden sie gerade von demjenigen genommen, den er zum Wächter zu bestellen dachte. Der Genuß des Reichthums erschlafft und nimmt selbst dem, welchem es nicht an Einsicht fehlt, die Kraft zu handeln. Daher hat großer Reichthum der Völker von jeher schlimme Perioden herbeigeführt: entweder Unterjochung von Außen oder Revolutionen im Innern, wodurch die Leitung der öffentlichen Angelegenheiten und das Eigenthum der Nation in die Hände derjenigen Classen gerieth, die bis dahin noch keinen Antheil am Ueberflusse gehabt hatten. Hieraus ergibt sich auch die Ursache, warum Seemächte, trotz des größten Reichthums und selbst des übertriebensten Luxus, den er veranlaßt, groß und mächtig bleiben können. Die Quelle ihrer Schätze führt das Heilmittel selbst bei sich. Die Schifffahrt gelingt nur durch die äußerste Anstrengung aller Kräfte des Geistes und des Körpers. Daher nöthigt der Seehandel, der den größten Gewinn bringt, zugleich zu dem emsigsten Bestreben nach einer Ausbildung, die auch im Kriege Ueberlegenheit gibt. Wenn eine Seemacht jemals andere Nationen in Sold nähme, um für sich die Gefahren und Mühseligkeiten der Schifffahrt zu übernehmen, so wäre sie verloren. Aber auch nur dann. Die große Seefahrt und die Gesetze, die sie veranlaßt, werden gewöhnlich nur aus dem eingeschränkten Gesichtspunkte des Handelsgewinns angesehen. Die Veranstaltungen, die sich darauf beziehen, sind aber noch weit wichtiger in moralischer Rücksicht. Sie befördern die ernsthafte Beschäftigung und Abhärtung, sie erhalten einen männlichen Charakter in der Nation. Und da das Seewesen einer großen Menge von wissenschaftlichen

Kenntnissen bedarf, so entsteht daraus das Phänomen einer kriegerischen Macht, die zugleich alle Künste des Friedens zu vervollkommen sucht; wohingegen eine sehr kriegerische Nation auf dem festen Lande immer Gefahr läuft, in Rohheit der Sitten zurückzusinken.

15.

Macchiavelli kannte die Begriffe von Recht und Sittlichkeit und ihren Einfluß auf die Menschen sehr wohl. Aber sie galten ihm nur als Erscheinungen im menschlichen Gemüthe, die gleich andern Neigungen und Vortheilen in die Berechnungen über die Triebfedern der menschlichen Handlungen mit aufgenommen werden mußten, ohne ihnen einen Werth an sich selbst zuzugestehen. Eben so kannte einer von seinen Schülern, die ihn am besten begriffen hatten, die sittlichen Triebfedern der Menschen gut genug, um sie für seine Zwecke und zu dem Verderben derer zu mißbrauchen, die er dadurch zu seinen Werkzeugen machte. Aber dieser Mann, Napoleon der Erste, verkannte die Natur der Dinge, wenn er die ganze lebende Welt um ihn her nur im Verhältnisse zu seiner Person beurtheilte, und in Beziehung auf sich ordnen wollte. Er wähnte, sich für ein personificirtes Schicksal erklären zu dürfen. Der mächtigste Mensch bleibt doch immer nur ein Triebrad des Schicksals unter vielen. Er ist und bleibt abhängig, so wie Andre, nur auf andre Art. Es ist daher etwas Verkehrtes in der Sinnesart, die alles Allgemeine, Höhere, Edlere der Persönlichkeit unterordnet, und deshalb kann sie schon vor dem Richterstuhle des bloßen Verstandes nicht bestehen; wohingegen derjenige, der sein persönliches Interesse höheren Zwecken unterordnet, auch alsdann mit sich einig bleibt, wenn er diese verfehlt, und sogar, wenn er selbst darüber untergeht.

16.

Diese Bemerkungen sind von der größten Wichtigkeit für jeden Regenten. Die Freigebigkeit ist eine natürliche Eigenschaft des hohen Sinnes. Man fühlt sich über andre Menschen erhaben, indem man ihnen wohl thut. Sie ist also ganz eigentlich eine fürstliche Tugend. Der Geiz hat etwas Kleinliches und ist daher in einer hohen Stelle unanständig. Bei dem, der nach der Herrschaft strebt, kommt noch hinzu, daß er des Beistandes so Mancher bedarf, und denselben durch alle Mittel suchen, ihn also auch oft erkaufen muß. Betrachtet man aber die Folgen, so sieht man auf der Seite der Freigebigkeit undankbare Günstlinge, die immer mehr fordern, je mehr sie erhalten haben; ganze Classen, die als ein Recht ansehen, was Einem unter ihnen zugestanden worden; die, wenn sie das gesammte fürstliche Gut unter sich getheilt haben, denjenigen gering schätzen, der nichts mehr zu geben hat und sich gegen ihn auflehnen; mißlungene Unternehmungen, weil es an Mitteln fehlt; unbelohntes Verdienst, ungerechte Vorenthaltung rechtmäßiger Forderungen, allgemeine Unzufriedenheit, zuletzt Verachtung.

Der Geiz hingegen, nicht aber die Habsucht, die vielmehr mit leichtsinniger Verschwendung nahe verwandt ist, kann wol mit Gerechtigkeitsliebe bestehen. Strenge Wirtschaftlichkeit macht den Grund aller guten Regierung aus. Ist aber der Geiz nicht die Folge ernsthafter Ueberlegung und Vorsicht, entspringt er vielmehr aus Neigung, so fällt er auf die Gegenstände, welche nicht die wichtigsten sind, sondern nur die nächsten; er läßt große Dinge fahren, um Kleinigkeiten zu ergreifen, freut sich nicht über den Zweck der guten Haushaltung, sondern nur über das Ersparen selbst, mißgönnt daher Jedem die wohlverdiente Belohnung geleisteter Dienste und erzeugt allmählich die tiefe Abneigung, welche derjenige stets einflößt, dessen Macht man fürchtet, ohne seinen Charakter zu achten.

17.

Die Lehren dieses Kapitels sind einleuchtend. Dennoch wird es Männern von menschenfreundlicher Gemüthsart sehr schwer, sie anzunehmen. Sie hoffen immer, die Menschen werden zu ihren Gunsten eine Ausnahme machen. Ihre eignen Gesinnungen verleiten sie auch in Andern entsprechende zu wünschen – vergeblich zu erwarten. Aber es wird im Gegentheil demjenigen, der einmal im Rufe der Menschenliebe steht, von allen Seiten angesonnen, sich gefallen zu lassen, was keinem Andern widerfährt, und das ist der wahre Grund, warum die angebliche Tugend der Gutmüthigkeit – sehr verschieden von der Liebe zum Guten – so allgemein erhoben wird. Sie ist in Wahrheit nur Schwäche eines harmlosen Gemüths und schon im Privatleben verächtlich. Wer den Menschen im Ernste wohl will und für sie thätig sein mochte, muß kämpfen und überwinden, den widerstrebenden Eigennutz der Schlechtgesinnten in Furcht setzen, die Schwachen zwingen mitzuwirken und oft diejenigen selbst, denen er wohlthun will, nöthigen, ihr eigenes Bestes zu besorgen.

Im öffentlichen Leben gibt es gar keinen größeren Fehler, als jene Gutmüthigkeit, die immer nachgibt: Schlechte schont und Gute preisgibt; bescheidene Selbstverläugnung vorschützt, um zurückzubleiben, wo es die Pflicht erfordert, hervorzutreten, und die verächtlichste Feigheit mit dem nichtswürdigen Ruhme der Standhaftigkeit im Leiden, da wo man sich wehren sollte, beschönigt. Vorzüglich ist Nachgibigkeit und unzeitige Schonung im Verhältnisse zu Untergebenen verderblich. Die Liebe zu Vorgesetzten erfordert einen überwiegenden Zusatz von Achtung, Diese ist mit der Furcht näher verwandt, als mit der Zuneigung. Ein anderer Bestandtheil der Liebe zu Vorgesetzten ist Vertrauen auf ihren Schutz. Dazu gehört wieder die Ueberzeugung, daß Andre sich vor ihnen fürchten. In einem andern Sinne als Macchiavelli es behauptet, ist es in der That wahr: die Furcht ist das Band der bürgerlichen Gesellschaft.

18.

Unter allen Lehren, die Macchiavelli den Großen gibt, haben diese den allgemeinsten Beifall gefunden. Auf ihn berufen sich alle Staatsmänner, die Verträge und Zusagen brechen und den Betrug mit dem Namen der Politik rechtfertigen möchten. Doch hat ein so erfahrener Mann unmöglich sagen wollen, daß ohne Gefahr immer und immer nur betrogen werden könne. Das hat er auch nicht gesagt, denn er verlangt ja von seinem Fürsten, daß er gegen Tugend und Laster nur gleichgiltig sein, Eines wie das Andere üben und beides nur als Mittel gebrauchen solle, Absichten zu erreichen. Die Großen und Mächtigen begehren gewöhnlich von den Fesseln moralischer Gesetze befreit zu werden, um ihre Leidenschaften zu befriedigen. Das aber gewährt ihnen Macchiavelli nicht. Es fordert vielmehr keine noch so strenge Moral, so große Aufopferungen, als diejenige Staatskunst, welche von keiner Moral etwas wissen will, und Alles, was der Mensch thut, den kalten Berechnungen des Verstandes unterwirft, um einen einzigen Zweck zu erreichen. Wer danach strebt, Herrschaft zu erringen, und wenn er sie hat, zu erweitern, darf nichts Anderes wünschen. Macchiavelli sagt gar nicht, der Fürst darf sich über die Moralität ganz wegsetzen, sobald es ihm beliebt, weil er mächtig genug ist, es ungestraft zu thun. Dazu kannte er das Volk zu gut und beurtheilte zu richtig, was auf dasselbe wirkt. Er verlangt aber vollkommene Gleichgiltigkeit gegen die Tugenden im Herzen selbst. Der Fürst soll den Redlichen und Unredlichen spielen, so wie es die Umstände verlangen. Es ist also auch nicht damit gethan, sich gegen Gefühl und Gewissen abzuhärten und bei keinem Verbrechen anzustoßen, das in den Plan des Ehrgeizes gehört. Wer dies leistet, hat nur die Hälfte der Forderung erfüllt. Er muß sich daneben das Ansehn aller Tugenden geben. Hier aber erkennt man den scharfsinnigen Beobachter der Menschen gar nicht. Aristoteles, der in seiner Politik (im fünften Buche, elften Kapitel) dem Tyrannen Lebensregeln gibt, die überhaupt mit dem Macchiavelli ziemlich übereinstimmen, verlangt ebenfalls, daß er den Schein aller Tugenden annehme, die ihm fehlen. So nöthig sind die wahrhaft königlichen Tugenden jedem Herrscher, daß er den Ruf, sie zu besitzen, nie ganz entbehren kann. Aber Aristoteles räth ihm, sich ihnen möglichst zu nähern, davon anzunehmen, was er nur vermag, und wenigstens den Schein der andern zu suchen. Macchiavelli hingegen verbietet ihm die Tugenden selbst, weil sie ihm hinderlich sein würden; verlangt aber dabei, daß er ihren Schein annehme, so oft er ihrer Wirkung nicht entbehren kann. Kann nun wol der bloße Schein diese hervorbringen? Wir sehen schon im gewöhnlichen Leben, wie wenig Zutrauen und welche tiefe Abneigung diejenigen Menschen erregen, denen es nur aus den Effect ankommt, die sich daher selbst immer im Auge haben und einen Spiegel mit sich umhertragen. Sie mögen sich noch so gut darauf verstehen, andre Menschen anzuführen, sie werden dennoch bald für das erkannt, was sie sind. In den kleinsten Zügen ihres Betragens liegt ein »Hüte dich!« das seine Wirkung nicht verfehlt. Die Großen sind vielleicht mächtig genug, das vorwitzige Urtheil ihrer Unterthanen zu unterdrücken. Aber auch der Nachwelt? Und doch hat schwerlich jemals ein Fürst existirt, der Geist genug hatte, die schwere Rolle zu spielen, die Macchiavelli vorzeichnet, ohne den Wunsch zu hegen, daß er auch nach seinem Tode so beurtheilt werden möchte, als er sich bemüht, vor seinen Zeitgenossen zu erscheinen.

Wer mächtig genug ist, ehrlich handeln zu können, thut daher immer noch besser, der Heuchelei zu entsagen. So lange Verstand gegen Verstand kämpft und der Macchiavellische Fürst sich auf seinem wohlbekannten Fechterboden befindet, wo Verrath und Treulosigkeit von beiden Seiten angewendet werden, die Absichten durchzusetzen, wird stets der Schlaueste den Sieg davontragen. Wenn es aber darauf ankommt, nicht den Listigen zu überlisten, sondern die Ehrlichkeit zu berücken und die gerade Einfalt des Herzens sich nicht mehr anführen lassen will, so vermag alle Kunst nichts mehr, und Satan selbst hat nicht Verstand genug, um die Tugenden des Gemüths zu ersetzen, die fortan allein etwas auszurichten vermögen.

Was insbesondere die Wortbrüchigkeit betrifft, von der Macchiavelli als von einer notwendigen und gewöhnlichen Sache redet, so bedarf es einer genauen Bestimmung, wann sie dem Fürsten erlaubt sein kann. Es ist ein alter und mit religiöser Ehrfurcht bewährter Ausspruch, daß das Wort der Fürsten heilig sein solle. Die Wahrhaftigkeit ist überhaupt das Band, das die menschliche Gesellschaft zusammenhält. Selbst die einzelne Lüge kann nur da etwas wirken, wo Wahrheit allgemeine Regel ist. Von Andern verlangt sie daher auch ein Jeder, und der ärgste Lügner schreit immer am lautesten gegen den Betrug, der gegen ihn gespielt wird. Die ganze Welt aber vereinigt ihre Stimme, denjenigen, der sich nicht etwa einmal eine Unwahrheit oder einen Wortbruch zu Schulden kommen läßt, sondern in dessen Charakter es liegt, durchaus unwahr zu sein, wie eine Pest der Gesellschaft zu fliehen.

Die Natur hat aber dem Menschen die List nicht umsonst gegeben. Sie ist die Schutzwehr des Schwachen gegen Stärkere; sein Vertheidigungsmittel gegen übermächtige Gewalttätigkeit. Mit Recht sagt daher Macchiavelli, daß der Fürst sich darauf verstehen müsse, den Fuchs und den Löwen zu spielen. Weil er unter Menschen wandelt, die mehr von der thierischen Natur an sich haben, als vom Geistigen, so muß er gleichfalls die Bestie herauskehren, wenn es Noch thut. Beides soll er können, den Fuchs spielen und den Löwen. Der Löwe ist stark, wirft Alles nieder und verzehrt, was ihm gefällt. Wenn er theilt, so nimmt er das beste Stück, weil er Löwe heißt. Der Fuchs hilft sich mit List, um zu erlangen, was er zu seiner Erhaltung bedarf. Aber den Wolf, den Feind aller Geselligkeit, der selbst mit seines Gleichen nur Verbindungen des Augenblicks eingeht, um über den Dritten herzufallen und nie in einer friedlichen Gemeinschaft angetroffen wird, dieses ganz ungesellige Thier soll kein Mensch jemals nachahmen. Vielmehr soll ja der Fürst, wie Macchiavelli selbst sagt, den Löwen machen, um die Wölfe zu vertreiben. Noch in andern Stellen seiner Werke spricht er nachdrücklich gegen diejenigen, die wie die Wölfe unter Menschen leben. Wenn denn also dem Menschen die Schlauheit des Fuchses gegeben ist, damit er die Wölfe ins Verderben ziehe, gegen die er sich nicht wehren kann, wohlan, so gebrauche die List, so oft sie nothwendig ist. Lüge, brich dein Wort, verschwöre dich, verleite deinen Gegner durch die hinterlistigsten Vorspiegelungen und stich ihm den Dolch ins Herz, indem du ihn umarmst. Aber beweise, daß dies Alles nothwendig war, um dich von der Noth zu befreien, die die Bosheit über dich brachte: und du bist gerechtfertigt. Zeige, daß es nothwendig war, um das dir anvertraute Volk vom Untergänge zu retten – und du wirst als ein wohlthätiger

Schutzgeist verehrt werden. Wer kann sich der lebhaftesten Theilnahme erwehren, wenn die Unternehmungen des selbstsüchtigen, unersättlichen, gegen Wohl und Wehe der Menschen gefühllosen Ehrgeizes und der Habsucht durch die Verschlagenheit des Unterdrückten auf den Urheber der Mißhandlung zurückfallen?

Es ist um so viel nothwendiger, die Künste der List und Verstellung richtig zu würdigen, da sie einen ganz eigenthümlichen Reiz für die Großen haben, der aus den besondern Verhältnissen ihrer Lage entspringt. Wer so viel vermag, sollte man denken, wird sich die Mühe nicht geben wollen, sich zu verbergen. So Vieles kommt ihren geringsten Wünschen entgegen. Sie brauchen kaum zu wollen, so geschieht schon, was ihnen angenehm ist. Wie selten hat Einer von denen, die sich ihnen nahen, die Dreistigkeit, etwas zu tadeln, das sie thun. Aber das Alles trifft doch nur die Kleinigkeiten, die ihre eignen persönlichen Neigungen angehen. In Allem, was zu ihrem politischen Leben gehört, ist es ganz anders. Sie finden in den verwickelten Anstalten der bürgerlichen Ordnung, in der Organisation der Gewalt selbst, mit der sie ihren Willen vollziehen, Schwierigkeiten und Widerstand. Sie verachten die Menschen und mißbrauchen sie ohne Scheu. Dennoch können sie dieselben nicht zu Maschinen machen. Der unumschränkteste Monarch muß sich herablassen, ihre eignen Gesinnungen und Empfindungen zu schonen. Außerdem ist Alles, was ihn umgibt, unaufhörlich beschäftigt, von jeder seiner Aeußerungen Vortheil zu ziehen. Er lernt bald, daß Alles, was von ihm herkommt, von der größten Wichtigkeit ist und oft Wirkungen thut, die ihn selbst überraschen. Wenn er nicht etwa von dem Feuer eines ungestümen Temperaments beherrscht wird, das keinen Zwang erträgt, so wird er in sich selbst mißtrauisch und geneigt zur Verstellung.

Kommt hierzu noch eine verkehrte Bildung des Geistes, entschuldigt er bei sich selbst den Mangel an Entschlossenheit und Muth mit dem Grundsatze, es sei besser, Alles, was auf geradem Wege zweifelhaft sein könnte, mit versteckter Kunst zu Stande zu bringen; findet er ein Vergnügen darin, Schwierigkeiten aufzusuchen, und bewundert seinen eignen Verstand, wenn er mit seinen Mittelchen die Kraft des Willens zu ersetzen sucht, – so entsteht zuletzt ein Gewebe, darin sich der Künstler, der es angelegt hat, selbst verstrickt und verliert.

Die Wirkungen der Politik, die Macchiavelli lehrt, haben sich niemals deutlicher gezeigt, als in der Geschichte der Familie, für die sein Buch zunächst bestimmt war. Lorenzo von Medici, dem er es zugeeignet hat, ist nicht Herr von Florenz geworden. Aber er scheint doch von den Rathschlägen, die ihm hier ertheilt werden, Gebrauch gemacht zu haben. Er hatte, wie es scheint, Anlage zu einem Schüler des Macchiavelli im praktischen Leben. Ein früher Tod unterbrach seine Ausbildung. Aber er vererbte diesen Schatz von Grundsätzen auf seine Tochter. Catharina von Medici nahm sie mit sich nach Frankreich. Dort ward das florentinische Gewächs von den Landsleuten, die sie dahin begleiteten, sorgfältig gepflegt. Die Geschichte der französischen Nation hat dadurch eine ganz eigne und ihrem ursprünglichen Charakter fremde Wendung genommen. Der Herzog von Retz, den Catharina aus Florenz kommen ließ, hatte einen entscheidenden Einfluß auf die Entschließungen Karl des Neunten und Heinrich des Dritten, und brachte Pläne zur Reife, die in französischen Gemüthern schwerlich gediehen wären. Mehrere Italiener umgaben Heinrich den Dritten. Unter diesen der Abbate del Bene, von dem sich jener Monarch, dessen Charakter und dessen Leben ein sonderbares Gemisch von Wollust, Trägheit, Leichtsinn und tiefer Verstellung, dreister Thätigkeit und Grausamkeit war, in den Stunden, wo es ihn anwandelte, Politik zu studiren, den Tacitus, Polybius und mehr als diese den Fürsten von Macchiavelli vorlesen ließ. Das erzählt *Davila*, der durch seinen Bruder, einen Kammerherrn der Catharina, mit Heinrich dem Dritten und seinem Hofe genau bekannt war. Davila, selbst ein Italiener, spricht von der Catharina und ihren Söhnen mit der sympathetischen Empfindung des Landmanns. Daher ist seine Geschichte dieses mehr italienischen als französischen Hofes so natürlich, so lebendig, so anziehend, Er fühlte ganz anders, wie die florentinischen Gemüther gesinnt waren, als französische Schriftsteller. In den Erzählungen solcher Geschichtschreiber sieht man die Menschen selbst vor sich; in den Bemerkungen andrer über die ihnen fremden Gestalten entgeht das Eigenthümlichste und Feinste. Ueber ächt französische Charaktere muß man hingegen französische Schriftsteller lesen: über Heinrich den Vierten den Voltaire. Den Helden der Galanterie und des Point d'honneur stellt dieser mit eben so vielem Talente dar, als Davila die Catharina, die er wegen ihres verschmitzten Herrschertalents vergöttert. Die Lehren, die er hier vernahm, übte er auch dann und wann einzeln, nach Laune aus. Und damit bekräftigte er selbst recht nachdrücklich die Bemerkung seines Lehrers, daß die Menschen selten den Muth und die Beharrlichkeit haben, etwas recht und ganz zu sein, und daß sie eben dadurch zu Grunde gehen.

 Die Mutter aber war anders. Beides, natürliche Anlage und Bildung durch die Lehren des Meisters in der italienischen Politik, vereinigten sich in ihr, und in ihrer Lage fanden sich Veranlassungen, die ganze Rolle zu spielen, die er vorgezeichnet hatte. Ihre Ansprüche auf die Regentschaft während der Minderjährigkeit ihrer Söhne waren zweifelhaft. So weit befand sie sich mit dem Fürsten des Macchiavelli in gleichen Verhältnissen, und die Schwierigkeiten, die ihr entgegenstanden, wurden noch durch ihre fremde Abkunft vermehrt. Große persönliche Vorzüge waren erforderlich, sie zu überwinden, und solche hat sie unstreitig besessen.

Catharina von Medici hatte so viel Verstand und Talent, als irgend eines der Weiber, die in der Geschichte berühmt geworden sind. Der begeisterte Verehrer ihrer Vorzüge, der Geschichtschreiber Davila, hält ihr bei der Erzählung ihres Todes folgende Standrede:

»Die großen Eigenschaften dieser Frau, welche dreißig Jahre lang die Augen von ganz Europa auf sich gezogen hat, erhellen besser aus ihrer Geschichte, als ich sie in wenigen Worten darstellen könnte. Ihr Verstand war unerschöpflich an Mitteln, um die unerwarteten Zufälle zu verbessern, und die Wirkungen des üblen Willens der Menschen zu vereiteln. Hierdurch ertrug sie während der Minderjährigkeit ihrer Söhne die Last der bürgerlichen Kriege, während welcher sie zu gleicher Zeit den Religionseifer, die Widerspenstigkeit der Unterthanen, die Bedrängnisse des Schatzes, die Verstellung der Großen und die ungeheuern Unternehmungen des Ehrgeizes bekämpfte. Ihre Beständigkeit, ihr hoher Sinn, womit sie, eine Fremde, es unternahm, das Ruder der Regierung den einheimischen Großen zum Trotze zu ergreifen, womit sie sich desselben bemächtigte und es festhielt gegen alle Künste der Widersacher und den Schlägen des Schicksals zum Trotze, hatte mehr Aehnlichkeit mit dem Geiste eines in den großen Welthändeln gebildeten Mannes, als mit der Gesinnung eines an die Weichlichkeit des Hofes gewöhnten und von ihrem Eheherrn unterdrückten Weibes. Aber die Geduld, die Gewandtheit, die Mäßigung, womit sie sich zu behaupten wußte, und ungeachtet des in ihrem Sohne selbst gegen sie allmählich entstandenen Argwohns die Regierung so festhielt, daß er es nicht wagte, ohne ihren Rath und ohne ihre Einwilligung zu handeln, selbst da, wo er ihr nicht traute: dieses ist der größte Beweis und das kräftigste Kunststück ihrer vorzüglichen Gaben. Daneben wußte sie sich stets über die natürlichen weiblichen Schwächen zu erheben und unterlag nie den kleinlichen Neigungen, welche vom rechten Wege abführen. Sie hatte einen hellen Verstand, wahrhaft königliche Anmuth in ihrem Benehmen gegen die Menschen, mächtiges Talent zu reden, lebendige Neigung sich freigebig und geneigt gegen die Guten zu beweisen, den bittersten und unversöhnlichen Haß gegen die Andern. Sie ließ nicht ab, ihre Anhänger zu begünstigen und zu erhöhen, und dennoch konnte sie es nicht dahin bringen, daß der französische Stolz ihre italienische Geburt vergessen hätte. Die unruhigen Köpfe hörten nie auf, sie als die Feindin ihrer Absichten zu hassen, und insbesondere ist sie von den Hugenotten verleumdet worden, als wenn sie nur aus unbegrenzter Begierde zu herrschen Rathschläge gegeben, wodurch Frankreich doch aus den größten Gefahren gerettet worden ist. Mit allen diesen Tugenden war sie der allgemeinen Unvollkommenheit der menschlichen Natur unterworfen und hatte ihre Fehler. Man hielt dafür, ihr sei durchaus nicht zu trauen: etwas zu allen Zeiten, vorzüglich aber und ganz besonders zu den unsrigen Gewöhnliches. Sie dürstete mehr nach Blut oder verachtete das Menschenblut wenigstens mehr, als ihrem Geschlechte wohl ansteht, und es ward bei vielen Gelegenheiten offenbar, daß sie alle und jede Mittel, auch die ungerechtesten und verrätherischsten gut fand, um nur zu ihrem Zwecke zu gelangen. Aber bei billigen Beurtheilern werden diese Fehler, welche die Noth der Zeiten veranlaßte, durch die erwähnten großen Eigenschaften bedeckt.«

Wenn man nun diese große Königin, dieses Ideal italienischer Politik, deren Bild Davila hier beinahe mit denselben Ausdrücken entwirft, womit Macchiavelli seinen Fürsten zeichnet; wenn man sie näher betrachtet und ihre Geschichte erwägt, so wie sie von ihrem Lobredner selbst erzählt wird, was findet man, denn für große Wirkungen ihrer hochberühmten Eigenschaften? Die schlaue Frau wußte durch ein verstecktes Spiel, durch die Künste der verführerischen List, die sie in der That im vollkommensten Maße auszuüben verstand, alle Parteien in gewissem Gleichgewicht und sich über sie erhaben zu erhalten. Jede dieser Parteien ward zwar bald inne, daß mit ihr gespielt werde, mußte sich aber diesem Spiele hingeben, so oft es ihr gefiel, es wieder anzuknüpfen, weil sie anfangs als Regentin die rechtmäßige Gewalt und nachmals als geliebte und gefürchtete Mutter einen entscheidenden Einfluß hatte. Der heimliche Widerwille und das Mißtrauen, mit welchen diese Nachgibigkeit beständig verbunden war, vereitelte aber auch auf jener Seite alle ernstlichen Unterhandlungen, und so ward es unmöglich, so lange sie lebte, die bürgerlichen Unruhen beizulegen, welche Frankreich solche Uebel zugefügt haben, daß man wirklich nicht einsieht, wovon Catharina das Reich errettet haben soll.

Die innern Kriege, die Frankreich vierzig Jahre lang zerrissen haben, wurden beendigt, indem der rechtmäßige Erbe der Krone zu der Kirche übertrat, welcher bei weitem der größte Theil des Volkes leidenschaftlich anhing. Heinrich dem Vierten war es lange vorher gesagt, er werde den Thron von Frankreich nie besteigen, wenn er das Volk nicht durch diesen Schritt versöhnte. Er war selbst davon überzeugt und ging Jahre lang damit um, durfte es aber nicht wagen, aus Besorgniß, die Partei, die ihm schon anhing, zu verlieren, ohne der andern gewiß zu sein, Catharina hatte schon Unterhandlungen mit ihm angefangen, die dahin führen sollten, und durch deren glücklichen Ausgang das, was einmal geschehen mußte, zum Besten der französischen Nation viel früher geschehen wäre. Was vereitelte denn diese Bemühungen der klügsten Frau ihrer Zeiten? Der geringe Umstand allein: der kleine Naturfehler, über den Davila so leicht weggeht: – »Ihr war nicht zu trauen.« – Nachdem sie unzählige Male gelogen und betrogen hatte, da konnte sich auch der treuherzigste Mensch auf der Erde nicht mehr von ihr anführen lassen. Solche Politik ist gut, um Kriege anzuzetteln. Wenn man aber das Feuer auslöschen möchte, das durch so schlaue Künste angefacht ist, so findet man *selbst* mit Erstaunen, daß alle die Werkzeuge, wodurch der feine Verstand so bewunderungswürdiges Machwerk zu Stande gebracht hat, nichts mehr vermögen; daß das einzige Wort eines zuverlässigen redlichen Mannes eine sicherere Grundlage abgibt, als die künstlichsten Veranstaltungen der List, und daß Achtung und Zutrauen der Menschen kräftigere Mittel sind, etwas Großes zu vollbringen, als die Ueberlegenheit des Verstandes, wenn sie gemißbraucht wird, Andere zu bethören, die sich für die erlittene Demüthigung mit unversöhnlicher Erbitterung rächen, sobald sie können.

Lange vor dem Macchiavelli und Davila hatte schon der jüngere Philipp von Macedonien ein Beispiel davon gegeben, was die Geschichte des Betrugs und der List für einen Ausgang nimmt. Er versuchte sich zum Oberhaupte der Griechen zu machen, um den Römern die Spitze zu bieten. Ungefähr so wie Cäsar Borgia sich eine überwiegende Macht in Italien zu erwerben trachtete, um den Fremden zu widerstehen. Und mit denselben Mitteln. Was war das Ende? Er hatte in allen griechischen Staaten so viel Mißtrauen, so viel heimliche und öffentliche Feindschaft erregt, daß es ihm unmöglich ward, die Nation mit sich zu vereinigen. Er unterlag im Kampfe, ohne nur einmal von seinem eignen Volke bedauert zu werden.

Die Menschen hören indessen nicht auf, den Verstand ohne alle Beziehung auf die Eigenschaften des Gemüths, die ihm zur Unterlage dienen müssen, wenn er wahren Werth haben soll, ausschließlich zu bewundern. Der scheinbare Erfolg seiner Kunststücke im Einzelnen verleitet sie nicht allein zu dem Vorurtheile, daß es in der Welt nur auf Verstand ankomme; sie verkennen auch seine Natur. Das sichere treffende Urtheil, welches in verwickelten Verhältnissen das Geringfügige übersieht und den

Punkt festhält, auf den Alles ankommt, ist ihnen zu einfach. Ein Gewebe von kleinen Künsteleien, von Auswegen des Augenblicks, die immer tiefer in die Verwicklung führen, von verschmitzten Ränken, gefällt ihnen besser. Doppelzüngigkeit, Falschheit und List, über deren zweckmäßigen Gebrauch Macchiavelli selbst Lehren gibt, die wol einiges Bedenken erregen könnten, ob man sich auch zutrauen dürfe, sie so anzuwenden; diese Untugenden gelten am Ende für Beweise von Verstand und Talent, oder sollen den Mangel daran ersetzen. Wer gar keine Lust hat, die Maske des Löwen vorzunehmen, die ihn auch schlecht kleiden würde, glaubt genug gelernt zu haben, wenn er zu lügen, zu betrügen, sein Wort zu brechen weiß. So ist es zu gewissen Zeiten in der Geschichte dahin gekommen, daß man überall, wo sich Jemand in vollendeter Nichtswürdigkeit nur recht schamlos beweist, den Geist von Macchiavelli's Fürsten zu erkennen geglaubt hat. Zu diesem aber gehört die Tapferkeit des entschlossenen Gemüths eben sowol, als die Gewandtheit des listigen. Nur in dieser Beziehung verträgt die Welt die Unredlichkeit. Der Abscheu, den diese einflößt, nimmt dabei den Charakter einer grauenvollen Bewunderung an; geht aber in Verachtung über, sobald diese nachläßt: » *Du sublime au ridicule il n'y a qu'un pas!* «

19.

Interessant ist der Rath Macchiavelli's an den neuen Fürsten, sich nicht an den Weibern seiner Unterthanen zu vergreifen.

Einem gebornen Prinzen wird es ja nicht schwer, solche Neigungen zu befriedigen. Die Weiber kommen ihm natürlich stets entgegen. Er ist immer allein schön, klug, liebenswürdig. Er hat also wenig Versuchung, die Schranken zu übertreten, die ihm der Anstand vorschreibt, und in der fürstlichen Erziehung wird auf die Erhaltung des Anstandes so viel Werth gelegt, daß er ihn wol einmal verletzen, aber sich schwerlich ganz darüber wegsetzen wird. Anders der Privatmann, der zur Unabhängigkeit von den Gesetzen, die Andre binden, gelangt ist und keine Scheu vor dem öffentlichen Urtheile hat, er ergibt sich den Ausschweifungen der Wollust nicht allein aus Sinnlichkeit oder Eitelkeit, sondern oft aus bloßem Uebermuthe. Manche neue Fürsten haben einen Genuß darin gesucht, ihre Unterthanen auf diese Art zu beschimpfen, und die hierdurch gereizte Rache hat mehr Fürsten das Leben gekostet, als der Patriotismus von Republikanern.

Der neue Fürst selbst beschäftigt sich größtentheils mit herrschsüchtigen Plänen und wird durch die Rücksicht auf diese einigermaßen zurückgehalten. Aber Söhne und Brüder, die ihre Erhebung nicht eignen Bemühungen verdanken, verlieren alle Besinnung im Rausche der neuen Größe. Unzählige Beispiele finden sich in der Geschichte der römischen Imperatoren und des neuen Italiens. Eines lag dem Macchiavelli vermuthlich zunächst vor Augen.

Der alte Pandolfo Petrucci von Siena ließ morden, zwang reiche Erbinnen, seine Anhänger zu heirathen, und verfuhr überhaupt gewaltthätig mit den Bürgern, wo es in seinen Plan gehörte. Dabei behauptete er sich bis an das Ende seiner Tage. Aber sein Sohn, Borghese Petrucci, der die Früchte der väterlichen Bemühungen von früher Jugend an einerntete, wußte nicht was Alles beginnen, um sie zu genießen. Er beraubte Diesen und Jenen, verführte und mißbrauchte mit Gewalt Weiber und Töchter. Dafür ward er verjagt. Nicht besser machte es in Florenz selbst Alessandro von Medici, der nach Macchiavelli's Tode nicht durch eigne Talente und Bemühungen, sondern durch Protection Herzog geworden war: auch er ward deshalb ermordet. Die Geschichte des sechzehnten Jahrhunderts enthält noch mehrere Beweise, bis zu welchem Unsinne der Uebermuth der Emporkömmlinge die unnatürlichsten Ausschweifungen der Wollust treiben kann. Was zum Beispiel ein Pietro Luigi Farnese, Sohn des Papstes Paul des Dritten, mit dem Erzbischofe von Bologna vorgenommen, als dieser ihn bei einem feierlichen Einzuge bewillkommte, grenzt beinahe an das Unglaubliche ...

22.

Es ist bereits einige Male Pandolfo Petrucci erwähnt, der sich zum Oberhaupte des Staats von Siena aufgeworfen hatte, ohne jedoch den Namen eines Herrn zu führen. Er verdankte den ruhigen Besitz seiner hohen Stelle vorzüglich dem Antonio Giordani von Venafro, der die Aemter eines Richters und öffentlichen Lehrers zu Siena bekleidet hatte, und dem Pandolfo als Staatssecretair und in Gesandtschaften diente. Den Rathschlägen dieses Mannes werden die feine Politik und das feste Benehmen, seiner grausamen Gemüthsart aber auch die Mordthaten zugeschrieben, wodurch sein Gönner sich emporschwang und erhielt. Von der Sinnesart des Giordani und zugleich vom Geiste der damaligen Zeit kann die Antwort als Probe dienen, die er als Gesandter dem Papst Alexander dem Sechsten gab. Dieser fragte ihn, wie er es anfange, die Sieneser zu regieren? – »Mit Lügen, heiligster Vater.« –

Der alte Petrucci brachte es dahin, daß sein Sohn Borghese Petrucci (seine Mutter war eine Borghese) nach seinem Tode in seine Stelle einrückte. Aber der leichtsinnige und ausschweifende junge Mensch hatte nicht so viel gesunden Verstand, dem alten Rathgeber seines Vaters zu folgen. Er hatte einen Günstling, Pochintesta, der sich die ausschweifendsten Mißhandlungen seiner Mitbürger erlaubte. Antonio rieth ihm, sich durch die Hinrichtung desselben die Liebe des Volkes zu erwerben. Er aber ergab sich ihm, dem geliebten Genossen aller eigenen Bubenstücke, immer mehr, anstatt ihn zu züchtigen. Die Partei, welche den Borghese Petrucci zu verdrängen suchte, bemerkte bald, wo seine Stärke lag, und fing damit an, ihm den Antonio verdächtig zu machen. Der gedankenlose Borghese ging in diese Falle und ertheilte dem beschwerlichen Mentor den Abschied mit angeblichem Bedauern und in der Einkleidung eines Rathes, er möge der allgemeinen Abneigung ausweichen und sich entfernen. Recht wohl, erwiderte Jener, ich werde Ihnen das Quartier bestellen. Der junge Fürst mußte wirklich bald nachfolgen. Die Petrucci hatten es mit den republikanisch gesinnten Florentinern gehalten. Die Revolution zu Florenz, wodurch die Medici in demselben Jahre wieder eingesetzt wurden, als Pandolfo starb (1512), zog also natürlich auch in Siena eine Katastrophe nach sich, wodurch unter dem Schutze Papst Leo X. Rafael Petrucci, Bischof von Grosseto und Castellan des Castel Sant' Angelo zu Rom, ein Vetter und geschworener Feind des Borghese Petrucci und Anhänger der Medici, statt des vertriebenen Borghese auf kurze Zeit Oberhaupt von Siena geworden war. Antonio von Venafro war glücklich nach seiner Vaterstadt entkommen und beschloß daselbst sein Leben in Ruhe. Borghese aber ward wahnsinnig und starb bald darauf in Neapel.

Der Fürst von Siena und sein Minister mögen in Einem verdienten Schicksale untergegangen sein und mit so vielen Andern vergessen werden. Was gehen sie uns weiter an? Aber das Mittel, wodurch der alte Rathgeber entfernt und der Fürst seiner Stütze beraubt worden, verdient Aufmerksamkeit. Dieser ließ sich überreden, sein Freund sei allgemein verhaßt; durch die Entfernung desselben werde ihm die Liebe des Volkes erhalten und seine Herrschaft gesichert werden. Eben so erregten die Günstlinge Königs Karl des Zweiten von England, denen der unbestechliche Clarendon im Wege war, zuerst ein leises Gemurmel: der Kanzler fange an verhaßt zu werden, er sei auch gar zu wenig nachgibig, sein Benehmen allzu rauh. Es fanden sich ihrer bald genug, die mit einstimmten, weil er sich geweigert hatte, ihre unziemlichen Begehren zu erfüllen, und so gelangte eine angeblich allgemeine Stimme vor den Thron, der König müsse seinen Minister entfernen, um selbst bei dem Volke beliebt zu bleiben. Clarendon mußte weichen, und nur sein Andenken hat eine verspätete Genugthuung von der unparteiischen Nachwelt erhalten.

Noch viele andere Fürsten sind in ähnliche Schlingen gefallen. Auch bessere, und diese eben durch den Mißbrauch, den man von ihren vorzüglichsten Eigenschaften gemacht hat; ihrer Achtung gegen das öffentliche Urtheil und gegen die Gesinnungen des Volkes. Dazu gehört wahrlich nicht einmal die Schlauheit eines Arlington oder Buckingham.

23.

Nie ist das alte, wenn man so sagen will, abgedroschene Kapitel der Moral die uralte Lehre, die schon jener griechische Philosoph beim Stobäus seinem jungen Prinzen ertheilt: »Hüte dich vor Schmeichlern!« so lebendig und eindringend vorgetragen als hier. Nur ist der Satz: »Die Menschen sind ihrer Natur nach schlecht« hier nicht recht passend, wenigstens zu allgemein gefaßt. Die Menschen sind nicht *alle* schlecht – wenn auch unläugbar die überwiegende Mehrzahl. Sie sind nicht *alle* eigennützig, von sträflichen Leidenschaften getrieben, wahrer Zuneigung und Vertrauens unwerth. Durfte wol Heinrich der Vierte den Sully für schlecht halten? Und hätte dieser eine solche Meinung ertragen? Aber nur ein Fürst, der wie dieser die Schmeichelei verschmäht, kann einen Sully finden. Macchiavelli hat vorhin in Kapitel 22 selbst einen Minister aufgestellt, dem der Fürst unbedingt vertrauen und den er in sein eignes Schicksal verflechten soll. Der Autor dürfte doch kaum gemeint haben, daß der Fürst dies mit einem »schlechten«, wenn auch noch so klugen Menschen wagen solle!

25.

Die Geschichte der großen Weltereignisse sowol als die einfache Lebenserfahrung bestätigt ohne Zweifel die in diesem Kapitel vorgetragenen Lehren. – Jedes Zeitalter hat seinen eignen Charakter. Es hat nicht allein eine jede Generation ihren besondern Geschmack, ihre eigentümlichen Grundsätze und Empfindungsweisen, sondern auch viele Begebenheiten, welche zufällig scheinen, weil ihr Zusammenhang mit den Gesinnungen und Neigungen der Menschen nicht klar vor Augen liegt, nehmen etwas von jenem eigenthümlichen Geiste der Zeit an. Nur derjenige kann hoffen, eine große Wirkung hervorzubringen, dessen Talente in gewissem Verhältnisse zu seinen Zeitgenossen stehen, und der in das, was sie treiben, auf die rechte Art eingreift. Dies Verhältnis des einzelnen handelnden Mannes zu dem, was ihn umgibt, läßt sich nicht immer in bestimmten Ausdrücken angeben und auf Grundsätze zurückführen. Der Beobachter der Welt stößt in der Geschichte und im täglichen Leben häufig auf ein unerklärliches Etwas, welches vollkommen gut ausgesonnene Pläne vereitelt. Es war nicht die rechte Zeit. Ein altes Sprüchwort sagt: »Der Mensch, der des Morgens mit dem linken Fuße zuerst aus dem Bette tritt, stößt den ganzen Tag über allenthalben an und läuft Gefahr, ein Bein zu brechen.« Wer das Unglück hat, in seine Laufbahn mit einem ersten falschen Schritte einzutreten, kommt den ganzen Tag seines Lebens über nicht in den rechten Tact, und findet stets Widerstand.

Die größten Talente, ja auch Vorzüge des Gemüths, haben nur eine gewisse Zeit, während welcher sie vollgültig sind. Glücklich, wenn ein günstiges Geschick den Mann von vorzüglichem Geiste abfordert, ehe die Periode abgelaufen ist, in welcher er etwas zu leisten vermag; oder wenn er den rechten Augenblick trifft, sich aus der thätigen Welt herauszuziehen, um dem herben Schicksale zu entgehen, ungeachtet der größten Anstrengung, geringeren, aber gerade jetzt besser angebrachten Kräften weichen zu müssen.

Macchiavelli sah selbst wohl ein, daß es unmöglich ist, dem Menschen vorzuschreiben, wie er handeln soll, ohne darauf Rücksicht zu nehmen, ob er, nach seiner individuellen Gemüthsart, gerade er so handeln kann. In einem Briefe an Piero Soderini, worin er nicht mit der feierlichen Miene des Lehrers der Fürsten auftritt, sondern vertraulich seine Meinung mittheilt, drückt er es ganz vortrefflich aus. »So wie die Natur,« sagt er, »den Menschen verschiedene Gesichter gegeben hat, so haben sie auch verschiedene Gemüthskräfte und verschiedene Launen. Auf der andern Seite sind auch die Zeiten gar sehr von einander verschieden. Demjenigen gelingt Alles *ad votum*, der es mit dem Zeitalter in seinem Verfahren recht trifft, und derjenige ist unglücklich, der mit demselben in Widerspruch geräth. Die Zeiten und die Umstände ändern sich aber gar oft, ohne daß die Menschen ihre Einfälle und Handlungsweise danach abändern. Wer so gescheidt wäre, Zeit und Umstände allemal zu kennen und sich danach zu richten, würde immer glücklich sein oder sich doch vor Unglück hüten. So würde der Weise wirklich den Sternen und dem

Schicksale zu gebieten scheinen. Aber solche gibt es nicht: *die Menschen können ihre Natur nicht so ändern.*«

Können das die Menschen nicht? Hängt ihr Betragen also auch nicht blos von der richtigen Beurtheilung der Umstände allein ab? Bestimmt wirklich die eigenthümliche Gemüthsart, der Charakter des Menschen, auf welche Art er in das Gewebe der Begebenheiten, das ihn umgibt, eingreifen, und ob er etwas ausrichten werde? So ist es ja falsch, worauf doch das ganze System des Macchiavelli beruht: daß der Fürst sich ohne Vorliebe für irgend Etwas ganz allein von der kalten Beurtheilung leiten lassen müsse, um in seinen Unternehmungen glücklich zu sein. Am Schlusse des Kapitels, wo er Alles übersieht, was der Fürst gethan haben mag, und das Schicksal aller seiner Unternehmungen so treffend weissagt, gesteht der Lobredner des Verstandes selbst ein, daß zu einem großen Manne etwas ganz Anderes erfordert wird als Verstand, und daß es die Kräfte des Gemüths sind, welche die Rolle bestimmen, die er spielen wird.

26.

Das Schlußkapitel, der Aufruf zur Abschüttelung der fremdherrlichen Ketten, hat jetzt für uns nur als ein Meisterstück der Beredtsamkeit Interesse.

Es fand sich thatsächlich damals in Italien kein Fürst, der der Unternehmung gewachsen gewesen wäre, durch neue Anordnungen der Nation Einheit und Unabhängigkeit zu verschaffen. Die Intrigue fuhr daher fort, das Land zu zerreißen, und die Völker blieben ein Spiel fremder Mächte. – Der Historiker *Sismonde de Sismondi* sucht (in seiner *Histoire des republiques de l'Italie*) die Ursachen des tiefen Verfalls des italienischen Volkes seit dem fünfzehnten Jahrhundert in dem Untergange der großen Republiken in der Lombardei, wodurch zuletzt auch das Ende der Freistaaten in Mittelitalien und die Unterwerfung der ganzen Nation unter fremde Herrschaft herbeigeführt worden ist. Es ist begreiflich, daß die rohe Gewaltthätigkeit, wodurch die Herrschaft in allen Landschaften und Städten von Italien unzählige Male genommen und verloren worden, in Unbändigkeit des schwelgerischen Genusses überging, und daß allgemeine Erschlaffung erfolgen mußte, sobald Nachfolger und Enkel jener Emporkömmlinge zum ruhigen Besitze der Gewalt gelangten. Aber dagegen schützt auch die republikanische Verfassung nicht. In der Geschichte von Venedig entwickelt sich zufolge der Darstellung, welche *Daru (Histoire de la re-*

publique de Venise) aus urkundlichen Quellen entworfen hat, in ihrem Entstehen, Fortschreiten und Verfallen der Verfassung derselbe Charakter, der den gleichzeitigen italienischen Einzelherrschern eigen ist.

In den Bewegungen eines von Parteien zerrissenen Volkes werden alle Anlagen des Geistes und des Gemüthes gereizt, sich zu entwickeln, aber nicht blos die schlechten, auch die besten und edelsten. Man sieht daher in Republiken, auch in Zeiten der größten Verdorbenheit, einzelne große Bürgerseelen aufstehen; dahingegen unter der Tyrannei nichts von Allem aufkommt, was bei Macchiavelli *virtù* heißt. Sie verschwand sehr bald in Florenz unter den Großherzogen, und von dieser Seite hat die frühere Erhebung der Visconti und Sforza zu Herren von Mailand der Nation viel geschadet. Aber die Unabhängigkeit von Italien würde schwerlich durch die Herstellung der mailändischen Republik bewirkt sein. Diese würde gleich den toscanischen Freistaaten nur dahin gestrebt haben, schwächere Nachbarn zu unterdrücken, statt mit ihnen einen großen Verein zu bilden, um sich gegen fremde Uebermacht zu schützen. Schon vormals hatte die Geschichte des alten Griechenlands ein Gleiches gezeigt.

*

Wenn man nun den ganzen mit Macchiavelli zurückgelegten Weg hier nochmals mit einem Blicke übersieht, so wird man von einer sonderbaren Empfindung ergriffen. Jedes einzelne Urtheil, jeder Rath, jeder Anschlag ist so zutreffend, daß man der überredenden Kraft nirgends widerstehen kann, sobald man sich einmal von dem Rade hat ergreifen lassen, welches unaufhaltsam mit sich fortreißt. Vorausgesetzt, daß der erste Schritt einmal geschehen sei, so kann er nicht besser verfolgt werden. Es muß Alles so kommen, wie Macchiavelli sagt. Man muß also auch so handeln, wie er angibt, um die Abgründe zu vermeiden, zwischen denen sich der Weg hinzieht. Dennoch bleibt immer in der Tiefe des Gemüths etwas, das widerstrebt und die Ueberzeugung zu Schanden macht. Macchiavelli kann dreist seine Leser auffordern, etwas gegen seine einzelnen Urtheile einzuwenden. Aber wer könnte wol das Ganze für mehr als für ein Spiel des Verstandes halten? Das ist es eben: *das ganze Buch ist nur die Frucht des Verstandes.* Von Theilnahme am Schicksale der Menschen, von Rücksichten auf ihre Empfindungen, von ihrer Zufriedenheit als einem Zwecke an sich selbst ist gar nicht die Rede. Man vermißt durchaus Alles, was vom

Gemüthe abhängt und aus der Empfindung für Andere entspringt, oder was der Sinn für einen erhabenen schönen Zweck eingeben könnte. Daher bleibt der Leser immer unbefriedigt, so viel er auch zu bewundern findet. Moralisches Gefühl hat Macchiavelli entweder gar nicht gehabt, oder es ist in ihm von politischen Leidenschaften ganz unterdrückt. *Was aber bloßer Verstand zu leisten vermag, das hat er erreicht.* Und deswegen ist im Einzelnen so viel von ihm zu lernen; auch für den, der die ganze Denkungsart und die Grundsätze, die im Buche herrschen, verabscheut. Niemals hat ein politischer Schriftsteller die Handlungen der Menschen und ihre Folgen mit mehr Scharfsinn entwickelt, und gerade vom gewöhnlichen Fehler der Scharfsinnigen findet sich bei ihm keine Spur: von der Ueberfeinheit. Keiner hat jemals besser gewußt, jedesmal den Punkt, auf den Alles ankommt, zu treffen. So wie man von seinem großen Landsmanne Michel Angelo erzählt, daß er immer mit dem Meißel in den Marmor geradezu hinein gehauen und auf ein Haar getroffen habe, wie weit er gehen müsse, eben so gibt Macchiavelli immer mit Einem Worte das Rechte an, verwirft alle Künsteleien, die nur verwirren, und sagt den Mächtigen auf den Kopf zu, was in ihrem Sinne tief verborgen liegt. Hiermit stimmt auch sein Vortrag überein. Es ist bekannt, daß die Italiener ihn für ihren besten Prosaisten halten. Von der Weitschweifigkeit, dem verwickelten und weit ausgesponnenen Periodenbau der meisten italienischen Schriftsteller, von diesem allgemeinen Fehler, der fast der Sprache selbst eigen zu sein scheint, ist er ganz frei. Die Vollkommenheiten seines Vortrages, der gedrängte Inhalt und der kräftige Ausdruck sind aber am auffallendsten im Buche vom Fürsten. Dieses thut denn auch eine Wirkung, welche der größten Erwartung entspricht, die der Verfasser davon gehabt haben mag. Man fühlt, daß es unmöglich ist, besser anzugeben, wie man die Herrschaft erwerben und behaupten könne, sobald es nur um dieses zu thun ist, und alles Andere nicht beachtet werden soll.

Aber das Bild dieser Herrschaft steht auch in Begleitung aller furchtbaren Genien, die sie herbeigeführt haben, der Gewalt, der List, der Treulosigkeit, Heuchelei und Schamlosigkeit, mit ihrem Gefolge, dem dumpfen Mißtrauen der Unterworfenen, und der tiefen Verschlossenheit ihres gedemüthigten Herzens, dies Alles steht in der schrecklichsten Verbindung zu einem Ganzen vor den Augen des Lesers, und läßt nicht ab, ihn zu verfolgen. Wer die Geschichte selbst durchgedacht hat, wird unablässig aufgefordert, immer wieder aufs Neue zu prüfen, wie denn diese Resultate der Beobachtung dessen, was geschieht und was geschehen kann, mit den Grundsätzen über das, was geschehen sollte, die Niemand verläugnen kann, in Uebereinstimmung gebracht werden mögen.

Diese Untersuchung, deren Hauptmomente in den Bemerkungen über das Buch angegeben sind, ist um so viel interessanter, da es nicht nothwendig ist, eine gänzliche Unempfindlichkeit gegen das Wohl andrer Menschen, und einen selbstsüchtigen Ehrgeiz bei dem Schüler Macchiavelli's vorauszusetzen. Ein Kopf, der von schwärmerischen Plänen zur Verbesserung des Menschengeschlechts und seiner Verhältnisse im Großen eingenommen ist, kann sich auch wol verleiten lassen, alle einzelnen Menschen als Werkzeuge seiner gutgemeinten großen Absichten anzusehen und alle Verpflichtungen, die sich auf die gewöhnlichen Vorschriften der Sittlichkeit gründen, einem erdichteten höhern moralischen Zwecke aufzuopfern.

So ist der Geist der Politik, die Macchiavelli lehrt, auch in philosophischer Gestalt und mit einer moralischen Larve, in dem Grundsatze, daß der Zweck die Mittel heilige, zum Vorschein gekommen. So sehr aber dieser Lehrsatz auch von den Leidenschaften begünstigt wird, die sich vortrefflich darauf verstehen, ihre Wünsche dem angeblichen höhern Zwecke unterzuschieben, so ist doch die gewöhnliche Moral zu tief in den Empfindungen gegründet, als daß man häufig Menschen finden sollte, die sich in einem ganz consequenten Betragen darüber weggesetzt hätten.

Dieses geheime Gefühl der moralischen Bande wird oft unterdrückt, erwacht aber immer wieder. Daher kommt es denn, daß die Menschen in ihrem Benehmen (so lautet eine der berühmtesten und treffendsten Bemerkungen Macchiavelli's in seinen »Discursen« I, 27) nie ganz gut oder ganz böse sind, und eben deswegen in so vielen großen Unternehmungen verunglücken.

Sie möchten wohl: aber da sie doch nicht dürfen, so wollen sie auch nicht recht. Sie fangen an, in Hoffnung, der Zufall werde das Uebrige thun. Verweigert dieser seinen Beistand, so bedenken sie sich, Schritte zu thun, von denen sie doch voraussehen konnten, daß sie unvermeidlich sein würden. Einige Treulosigkeit, einige Verrätherei, einige Verletzung der allgemeinen Gesetze der Sittlichkeit hält Jeder im Gedränge der Umstände für erlaubt, und verzeiht man einander allenfalls. Wenn es aber dadurch so weit gekommen ist, daß ein letzter dreister Streich zum Ziele führen würde, so versagt das Herz. Wären die Menschen etwas besser, so blieben sie von Unternehmungen zurück, die sie in solche Verwicklungen führen; wären sie etwas schlechter, so verfolgten sie ihre Zwecke ohne Bedenklichkeit bis ans Ende, opferten alles Andre auf und verlören vielleicht Manches, erhielten aber doch das

Eine, worauf es abgesehen war. Sie erhielten es vielleicht in einzelnen Fällen. Aber wohin führt ein ganz consequentes unsittliches Betragen? Lassen sich dadurch Zwecke erreichen, die eines wirklich großen Geistes würdig wären? Macchiavelli selbst gesteht ein, daß es dazu nicht hinreicht, indem er von seinem Idealfürsten verlangt, er solle trotz seiner innern Gleichgiltigkeit gegen die Moralität den Anschein und den Ruf aller Tugenden erwerben, die er ihn im Herzen zu verachten befiehlt. Was aber davon zu halten ist, das haben wir vorher gesehen.

Ende.

Nichts: ein Geschenk für Erwachsene, die schon alles haben. Witzig und genial.

Mit diesem Buch triffst Du genau ins Schwarze: Du erfüllst damit ausdrücklich den Wunsch der Leute, die sich nichts wünschen.
Garantiert fliegen Dir damit die Herzen der Beschenkten zu und Du hast die Lacher auf Deiner Seite. Übrigens: Die leeren Seiten lassen sich natürlich befüllen, zum Beispiel als Tage-, Notiz- oder Malbuch.

NICHTS: Das Geschenk, das Du Dir gewünscht hast. 60 S., 5,99 €. ISBN: 978-3-752-80542-0.